수많은 선택지 속에서 새로운 길을 만들어가는 사람들에게 훌륭한 길잡이가 되는 책이다. 월급쟁이는 더 이상 최고의 선택지가 아니다. 그 틀을 깨고 나와 잠재된 능력을 발휘하는 사람이야말로 주도적인 삶을 살고 높은 수익을 올릴 수 있다.

_스테판 카스리엘Stephane Kasriel(업워크Upwork CEO)

높은 매출을 달성하는 기업을 세우고, 자신의 삶을 원하는 대로 꾸리고자 하는 사람은 《나는 직원 없이도 10억 번다》에서 즉시 적용할 수 있는 전략을 배울 수 있다. 일레인 포펠트는 우리 안에 무한한 가능성이 있다는 확신을 심어준다.

_스튜어트 프리드먼Stewart D. Friedman(와튼스쿨 교수, 《와튼스쿨 인생특강》 저자)

이 책은 큰 꿈을 가진다면 원하는 삶과 커리어 모두를 얻을 수 있다는 것을 증명한다.

_사산 구달지Sasan Goodarzi(인튜이트 스몰 비즈니스Intuit Small Business 부사장)

전례 없는 기회가 찾아왔다. 오늘날은 혼자 일하면서도 충분한 돈을 벌고 꿈꾸는 삶을 살 수 있는 프리 에이전트의 세상이다. 이 책은 1인 사업가가 상상했던 것 이상의 성공을 쟁취하는 전략을 담고 있다.

_맷 배리Matt Barrie(프리랜서닷컴Freelancer.com CEO)

최고의 비즈니스는 우리에게 독립성과 경제적 안정을 보장해주는 것이다. 저자 일레인 포펠트는 탁월한 탐구 정신으로 중소기업 오너들이 겪는 골치 아픈 일을 최대한 피하면서 100만 달러의 기업을 세우는 방법을 파헤친다. 이 책을 통해 많은 사람들이 자유를 얻길 바란다.

_머리 로우Murray B. Low 박사(컬럼비아 비즈니스스쿨 최고경영자과정 교수)

일레인 포펠트는 오랜 세월 몸담아온 경제경영 분야의 기자로서뿐 아니라 직접 자신의 사업체를 10년간 운영해온 기업인으로서 비즈니스에 대해 깊이 있는 식견을 보여주고 있다. 자신의 삶을 바꾸고 싶은 사람들에게 이보다 더 좋은 가이드는 없을 것이다.

_수전 크랜델Susan Crandell(《모어》More 매거진 前 편집장,
《내일을 생각하다》Thinking About Tomorrow 저자)

창업을 꿈꾸는 예비 기업가들을 위한 최고의 가이드북이다. 사업 아이디어를 찾는 과정부터 제품 판매, 사업 성장과 성공에 이르기까지 도움 받을 수 있는 조언이 가득하다. 프리랜서와 소규모 창업, 1인 기업이 늘어나고 있는 세상에 걸맞는 책이다.

_진 마크스Gene Marks(마크스 그룹 피씨Marks Group PC 공인회계사)

일레인 포펠트가 전해준 실용적이고 현명한 그리고 재밌기까지 한 조언 덕분에 꿈꾸는 삶을 만들어갈 용기를 얻었다. 그는 창업을 시작하는 사람들에게 실제적으로 가능한 것은 무엇인지, 그리고 어떻게 기업을 세울 수 있는지에 대해 분명한 사례와 신뢰도 높은 자료를 들어 설명해준다.

_엘리자베스 맥브라이드Elizabeth MacBride(《포브스》, CNBC 칼럼니스트)

이 책에는 경제적 자유와 더불어 꿈꾸는 인생을 살게 된 수많은 사업가들의 진솔한 이야기가 담겨 있다. 갓 대학을 졸업한 25세부터 은퇴를 준비하는 55세 직장인까지 각계각층의 사람들이 100만 달러 매출을 달성하는 과정에 대해 소개한다. 현재 직장을 떠나 창업을 꿈꾸는 사람이라면 반드시 읽어야 한다.

_론 카슨Ron Carson(카슨 웰스 매니지먼트 그룹Carson Wealth Management Group CEO, 창립자)

일레인 포펠트보다 프리랜스 경제에 대해 잘 이해하고 있는 사람은 없다. 그는 이 책에서 조직으로부터 벗어나 작고 가볍게 움직이는 기업인이 누리는 보상에 대해 너무나 잘 전달하고 있다. 예비 기업가이자 자발적으로 미래를 바꿀 준비가 된 사람들에게 영감을 불어넣어준다.

_톰 포스트Tom Post(《포브스》 前 이사, 《혁신가를 자유롭게》Unleashing the Innovators 저자)

《나는 직원 없이도 10억 번다》는 성공하고 싶은 기업인이라면 누구나 한 번쯤 읽어야 한다.

_행크 길먼Hank Gilman(하이 워터 프레스High Water Press 창립자, 《포천》 前 부편집장)

나는 직원 없이도 10억 번다

THE MILLION-DOLLAR, ONE-PERSON BUSINESS:
Make Great Money. Work the Way You Like. Have the Life You Want.
by Elaine Pofeldt
Originally published by Lorena Jones Books, an imprint of the Crown Publishing Group,
a division of Penguin Random House LLC.

나는직원없이도 10억번다

일레인 포펠트 지음 | 신솔잎 옮김

직원 없이 사무실 없이
저절로 굴러가는
사업 시스템 만들기

The Million-Dollar,
One-Person Business

비즈니스북스

옮긴이 | **신솔잎**

프랑스에서 국제대학을 졸업한 후, 프랑스, 중국, 한국에서 경력을 쌓았다. 이후 번역 에이전시에서 근무했고 숙명여대에서 테솔 수료 후, 현재는 프리랜서 영어 강사로 활동하며 외서 기획 및 번역을 병행하고 있다. 다양한 외국어를 접하며 느꼈던 언어의 섬세함을 글로 옮기기 위해 늘 노력한다. 역서로는 《이 삶을 사랑하지 않을 이유가 없다》, 《기다리는 마음》, 《무엇이 성과를 이끄는가(공역)》 등이 있다.

나는 직원 없이도 10억 번다

1판 1쇄 발행   2018년 4월 23일
1판 11쇄 발행   2023년 8월 18일

지은이 | 일레인 포펠트
옮긴이 | 신솔잎
발행인 | 홍영태
편집인 | 김미란
발행처 | (주)비즈니스북스
등 록 | 제2000-000225호(2000년 2월 28일)
주 소 | 03991 서울시 마포구 월드컵북로6길 3 이노베이스빌딩 7층
전 화 | (02)338-9449
팩 스 | (02)338-6543
대표메일 | bb@businessbooks.co.kr
홈페이지 | http://www.businessbooks.co.kr
블로그 | http://blog.naver.com/biz_books
페이스북 | thebizbooks
ISBN 979-11-6254-012-1   03320

당신의 삶에 놓인 새로운 가능성

번 하니시 Verne Harnish
(기업인 협회 Entrepreneurs' Organization 창립자)

사업은 궁극적으로 자유와 독립을 쟁취하게 해준다. 그리고 그 꿈을 실현하기에 지금보다 더 좋은 세상은 없었다. 새로운 과학기술에 힘입어 그 어느 때보다 사업 시작은 쉬워졌고 창업 비용은 저렴해졌다. 게다가 전 세계 고객에게 접근할 수 있게 되었다. 실제로 세계 시장에서 활약하는 소규모의—심지어 집에서 운영하는— 사업체를 심심찮게 만나볼 수 있다. 이런 환경에서 중소기업의 오너가 맞닥뜨린 가장 중요한 숙제는 혼자서도 운영이 가능한 저비용, 고효율의 초경량ultra-lean 사업을 운영하며 높은 매출과 수익을 거두는 방법을 찾는 것이다. 그들은 매일같이 안정적인 기업을 만들기 위해 노력하지만, 조직을 제대로 갖춘 기업에 비해 운영은 힘들다. 사업 성장에 필요한 투자 자금을 마련하는 일조차 상대적으로 매우 어려운 실정이다.

이런 문제는 지식의 격차로 인해 발생한다. 중소기업가―미국 내 대다수의 중소기업이 혼자 운영하는 형태임을 감안한다면 1인 기업가― 가운데 높은 간접비용을 쓰지 않고 고매출, 고수익 사업을 만드는 방법을 제대로 배운 사람은 거의 없다. 학교에서도, 다른 기업인들에게서도 이 방법은 배울 수가 없다. 학교에서는 구글과 아마존, 테슬라와 같은 혁신 기업이 되라고 주문한다. 기존 기업가들 역시 스케일을 확장하는 한정적인 방식만 언급한다.

《나는 직원 없이도 10억 번다》는 그 '지식의 격차'를 메우기 위한 책이다. 직원 없이도 100만 달러(약 10억 원) 혹은 그 이상의 매출을 달성한 기업인들의 이야기를 통해 고수익의 초경량 기업을 만드는 전략을 배울 수 있다. 성공한 그들의 경험을 바탕으로 올바른 비즈니스 아이디어를 고르는 법, 자신의 꿈을 현실로 이루기 위한 상세한 방법, 사업 시작 후 매출과 수익을 확대하는 방법을 배우게 될 것이다.

이 책에서 '매출 100만 달러의 1인 기업'을 만드는 방법을 익히고 나면 당신 앞에 수많은 가능성이 펼쳐질 것이다. 소규모의 기업 형태를 유지하며 자신이 원하던 라이프 스타일을 누리는 사업가가 될 수도 있고, 혹은 경쟁력 있는 기업, 뜻 있는 사회적 기업, 일자리를 창출하는 기업 등을 만들 수도 있다. 무엇을 고르든, 당신은 다채롭고 놀라운 선택권을 얻게 될 것이다.

스스로 운명을 결정하는 자들의 세상

최근 긱 경제gig economy(기업이 필요에 따라 계약직 혹은 임시직으로 사람을 고용하는 경향이 커지는 경제상황을 일컫는 용어—옮긴이)에 대한 기사를 클릭해보면 이 주제가 얼마나 뜨거운 논쟁거리인지 알 수 있다. 전통적 의미의 직업을 옹호하는 사람들은 프리 에이전트free agent의 삶을 딱하게 여긴다. 프리 에이전트가 사는 세상이란 자본주의의 횡포 아래 가없은 노동자들이 중산층이라도 유지하기 위해서 일거리 하나에도 서로 싸워야 하는 곳이라 여기기 때문이다. 그러나 프리 에이전트 시대의 승자들이 보는 시각은 다르다. 이들에게 프리 에이전트의 세상은, 임금의 노예가 밀폐된 사무실에 갇혀 사는 삶에서 벗어나 자신만의 스케줄과 운명, 수입을 결정하는 세상이다.

그렇다. 우리는 독립적으로 활동하는 노동자들이 늘어나는 이 변화가 어떤 의미인지 잘 모르고 있다. 오늘날처럼 프리 에이전트가 많았던 시대는 없었다. 2010년 미국 회계 감사원United States Government Accountability Office의 발표에 따르면 미국 내 40퍼센트의 노동자가 프리랜서, 임시직, 독립 계약직contractor, 용역직 혹은 파트타이머 등과 같은 '대체 고용' 형태를 본업으로 삼고 있다.[1] 이것은 전례 없는 현상이자 전 세계적으로, 특히 선진국에서 두드러지게 나타나는 하나의 변화이다.

스스로 운명을 만드는 사람들

대다수의 사람들은 고용주 없이 활동하는 프리 에이전트들의 안위를 걱정한다. 일정 수준의 고용과 소득을 보장해주는 사람 없이 모든 책임을 져야 하기 때문이다. 터무니없는 걱정은 아니다. 그러나 이 우려 못지않게 눈여겨볼 점이 있다. 바로 프리 에이전트들이 무엇을 성취할 수 있기에 그토록 증가하느냐 하는 것이다. 과거 안전한 직장이 제공해주던 것보다 더 가치 있는 것을 얻고 있는 것일까? 전통적인 일자리 형태에서 커리어의 운명을 결정해주던 게이트키퍼 없이도? 그렇다. 개인의 능력과 기여도는 고려하지 않고 어리거나 나이가 많아서, 엄마라서, 소수집단에 속해 있어서, 장애가 있어서, 돌봐야할 가족이 있어서, 리틀리그 야구 코치라서, 재택근무를 원해서 등 무엇으로든 뒤처진 직원의 꼬투리를 잡아 교묘하게 불이익을 주는 상사를 더 이상 만나지 않아도 된다. 자신의 진짜 잠재력을 찾을 수 있을 뿐 아니라 더 높은 소득을 얻을 기회도 있다. 무엇보다 스스로 운명을 만들어갈 수 있다.

내가 만난 수천 명의 기업가들 역시 그랬다. 나는 과거《포천 스몰 비즈니스》Fortune Small Business 매거진의 편집장으로 일했고《포천》,《머니》Money,《포브스》,《Inc.》, CNBC 등 수많은 매체에서 프리랜서 기자이자 칼럼니스트로 오랫동안 활동해왔다. 매년 수백 명의 기업가를 인터뷰했는데, 그들 모두 입을 모아 말했다. 대다수의 자영업자들이 자신의 잠재력을 제대로 발휘하지 못한다고, 그 잠재력은 우리의 생각보다 훨씬 클 수도 있다.

페이팔PayPal의 공동창립자인 맥스 레브친Max Levchin이 설립한 사이파이 벤처 캐피털SciFi VC의 파트너인 에릭 스콧 Eric Scott 역시 내게 상징적인 이야기를 하나 해주었다. 스콧은 동료들과 10억 달러(약 1조 원)에 매각될 1인 기업의 등장이 머지않다는 이야기를 자주 나눈다고 했다. 급변하는 환경을 가장 먼저 직면하는 실리콘밸리 인재들이 보기에도 조직에 얽매이지 않고 독립적으로 활동하는 사업가가 늘고 있으며, 그들이 잠재력을 제대로만 발휘한다면 대기업 규모의 사업을 운영하는 1인 기업이 곧 탄생할 수 있다고 했다. 더 이상 1인 기업은 작고 약하지 않다

비즈니스 세계가 변하고 있다

1인 기업의 형태가 늘어나는 세상에서 우리의 고민은 프리 에이전트들이 성공하려면 필요한 도움에 관한 것이다. 오늘날 대다수의 프

리 에이전트가 준비도 없이 1인 기업의 세계에 들어선다. 대학은 졸업생들의 머릿속에 대기업에서 고소득 정규직으로 일해야 한다는 관념을 주입한다. 창업 프로그램을 제외하면 어디서도 학생들에게 자영업의 가능성을 이야기하지 않고, 훗날 자영업을 하게 될 학생들에게 도움이 될 기술도 가르치지 않는다.

학교에서 이런 주제를 꺼리는 이유가 있다. 자녀가 프리랜서 개론을 수강하고 훗날 프로젝트를 전전하는 삶을 살게 된다면 어느 부모가 비싼 대학등록금을 내겠는가? 졸업 후 구글 같은 멋진 기업에서 일하는 미래가 없다면, 현실은 임금이 낮은 중소기업에서 파트타임으로 근무하고 추가로 우버 운전까지 해야 하는 거라면 수만 달러의 학자금 대출을 받으며 대학을 다닐 학생이 얼마나 될까? 실상, 고용의 형태가 빠르게 변해 많은 졸업생들이 이런 식으로 수입을 얻고 있지만 자영업의 성공을 위해 필요한 지식은 얻지 못하고 있다.

이미 직장에 다니고 있는 이들도 마찬가지다. 기업은 해외 아웃소싱을 늘리고, 근로자를 대체할 기계화를 추진하며, 정규직을 계약직으로 대신해 비용절감 정책을 펼치고 있다. 고용 불안정의 위험에 노출된 직장인에게도 창업과 자영업은 한번쯤 고려하게 되는 선택지이지만 도움 구할 곳을 마땅히 찾을 수 없는 실정이다.

최근 나는 코워킹 스페이스coworking space 사업자(공유형 사무실을 제공하는 사업자—옮긴이)가 주관하는 프레젠테이션에 참석했었다. 관계자의 말에 따르면 정규직 사원을 둔 일반 회사가 코워킹 스페이스 한 층 전체를, 나아가 건물을 통째로 임대하는 경우가 점점 늘고 있다고 한다. 자유롭게 규모를 확장하고 계약직 인력을 지속적으로 충원하고 싶은 기업의 입장에서 기존의 임대 방식은 걸림돌이 되기 때문이다. 코워킹 스페이스에 입주한 기업 소속 직원들은 평생 직장을 다닌다는 생각으로 임하는 반면 고용주는 다른 시각에서 보고 있다는 반증이었다.

또한 오늘날 많은 기업은 '신입사원 수준'의 능력을 기준으로 직원을 채용하는 실정이다. 첫 직장을 구하는 사람에게는 희소식일 수 있지만, 이런 회사에서 일할 경우 나이를 먹을수록 혹은 연차가 쌓일수록 퇴사 압박에 시달리게 된다. 그러니 직장인에게도 1인 기업 또 소기업으로 성공하는 노하우는 절실하다. 혼자 사업을 하는 것이 조직 내에서 휘청거리는 경력사다리를 오르는 것보다 나을 수 있다.

시스템상으로 학교 밖에서 창업과 사업 운영을 배울 수 있는 기관은 많다. 하지만 스타트업 지원 기관에서 전문가를 만나 듣게 되는 이야기는 창업으로 성공하려면 '스케일'이 큰 사업을 해야 한다는 소리뿐이다. 만약 그게 아니라면 열정이 부족한 사람으로 낙인찍힌다. 이에 대해 뱁슨 칼리지Babson College에서 기업가정신을 가르치는 도나 켈리Donna Kelley 교수는 '100명의 1인 기업가에게 투자하는 것보다 대기업으로 성장할 수 있는 10명의 기업가에게 투자하는 게 이익이라는 생각 때문'이라고 밝혔다.

정부나 금융 회사가 중소기업 지원 프로그램을 진행할 때도 1인 기업은 배제한다. 그들이 생각하기에 1인 기업은 규모가 작아 경제적 선순환을 이끌 일자리 창출이 어렵기 때문이다. 그들은 1인 기업가가 업무 위임의 중요성을 인식하고 직원 없이 운영하는 태도를 바꾸기를 원한다.

그러나 미국 내 2,800만 개의 소규모 사업장 가운데 2,300만 개는 '상시 근로자가 없는'nonemployer 회사다. 다시 말해 사장 외에는 일하는 사람이 없다.[2] 사장들은 의도적으로 직원을 채용하지 않는데 그 이유는 단순하다. 그들이 원하지 않기 때문이다. 그리고 이것은 전혀 이상한 일이 아니다.

자유로운 인생의 시작

자신이 원하는 일을 한다는 것은 분명 경이롭고 가슴 뛰는 일이다. 미국 내 수백만의 자유로운 영혼들은 이것을 꿈으로 두지 않고 자신을 위한 직업을 창출하며 실현한다. 그들은 일론 머스크를 꿈꾸지 않는다. 제2의 테슬라를 세우고 싶어 하지도 않는다. 보스 역할을 원하지도 잘해낼 생각도 없다. 그들은 그저 자신의 시간을 원하는 대로 관리하고 자유를 누리려고 사업을 시작한다. 그리고 이 같은 자유는 조직이 커지면 사라질 수밖에 없다. 결국 1인 기업은 개인의 의도적인 선택에 따른 형태일 뿐이다.

"1인 기업은 자신이 원해서 하는 겁니다." 글로벌 기업가정신 모니터 국제연구기관에서 연구팀의 수장으로 전 세계의 비즈니스를 연구해온 켈리 교수는 덧붙여 말했다.[3] "사회가 발전할수록 사람들은 자신이 원하는 일을 하려는 경향이 뚜렷해집니다."

그럼에도 실제로 우리가 만나는 프리 에이전트의 삶은 굉장히 고단해 보인다. 보통의 경우 높은 수입을 만드는 방법을 몰라서 그렇다. 프리 에이전트는 자신을 지켜줄 안전망이 없는 것을 고려해 많은 수익을 벌어야 하는데, 경제 시스템은 프리 에이전트보다는 일반적인 회사를 다니는 직장인을 기반으로 만들어졌다. 1인 기업 역시 세금을 내지만 일거리가 없을 때 실업지원 프로그램 등에 참여할 방안이 없다. 뿐만 아니라 미국에서 의료보험에 가입하려면 큰돈이 필요하고 이는 직장인보다 프리랜서에게 더 부담이 크다. 의료보험 시스템을 개혁하려는 시도는 많았으나 끝없는 논란이 계속될 뿐이다. 프리랜서들은 집을 사는 등의 매매활동도 어렵다. 은행에서 소득을 증명할 서류를 요구하기 때문이다.

이렇듯 번거로운 부수적 비용은 프리랜서의 삶을 갉아먹는다. 10년간 프리랜서로 네 자녀를 키우고 있는 내가 바로 산증인이다. 나는 남편이 한 기업의 법무팀으로 입사하기 전까지 브로커나 보험회사를 통해 가족보험을 들었고, 그 보험료는 주택 대출금에 맞먹는 수준이었다. '이렇게 살 수 밖에 없을까? 직장에 안 다니는 근로자가 수백만 명인데도 이들이 겪는 문제를 진지하게 생각하는 정치인이 단 한 명도 없다니!' 나는 그것이 항상 의아했다.

취재 중에 만났던 1인 기업가들의 이야기를 들으며 프리 에이전트의 가치를 인정하는 사회 시스템이 구축되기를 기다릴 필요가 없다는 사실을 깨달았다. 1인 기업 또는 소기업이 연간 100만 달러 혹은 그 이상의 매출을 달성할 수 있다면 세금과 비용을 제하고도 프리 에이전트를 괴롭히는 번거로운 상황에서 벗어날 수 있고, 막대한 자유와 보상도 누릴 수 있다. 자, 그러면 어떻게 돈을 벌어야 할까? 무슨 일을 해야 할까? 유기농 꿀 판매, 온라인 강의, 전자책 마케팅과 부동산 투자, 심지어 컨설팅처럼 전통적인 비즈니스로 간주되는 일까지 그것은 분야에 상관없이 개인의 열정을 타오르게 하는 일들이었다.

책의 초반부에서는 초경량 기업으로 높은 매출을 달성한 사업가들의 이야기를 통해 1인 기업을 시작하는 또는 성장시키는 방법을 알아본다. 1인 기업 형태를 장기적으로 유지하는 데 초점을 맞춘 사례도 있고, 혼자서 시작한 사업이었지만 그것을 계기로 또 다른 기회를 찾는 사례도 있다. 일반적인 회사처럼 규모를 확장하는 경우를 포함해서 말이다. 그래서 이후 만나게 될 1인 기업인 가운데 자신에게는 물론 기업에도 필요한 선택이라는 생각으로 1인 기업인이 아닌 고용주로 탈바꿈하는 경우도 있다. 사업 또는 기업을 성장시키기 위해 노동법을 고려해야 하는 경우도 언급된다.

혼자서도 100만 달러 수준의 매출을 내는 사업을 만들고 싶은 사람에게 이 책은 학교에서는 들을 수 없는 진귀한 강의이다. 설령 100만 달러를 달성하지 못할 수도, 애초에 원하지 않을 수도 있다. 그러나 이 책에 소개된, 창의적인 방식으로 사업을 운영하는 사람들의 이야기를 통해 자신에게 내재된 목표와 잠재력을 빨리 깨달을 수 있다. 나아가 그 깨달음을 계기로 좋아하는 일을 시작할 용기를 얻을 수도 있다. 전에는 생각해보지 못한 커리어를 떠올릴 새로운 지식도 얻게 될 것이다. 당신에게 길을 안내하는 훌륭한 내비게이터가 있는데 홀로 외로운 비행을 계속할 이유가 없다.

차례

제1장

누구나 혼자서 매출 10억을 달성할 수 있다

The Million-Dollar, One-Person Business

라즐로 내들러Laszlo Nadler와 만났을 때 그는 서른여섯 살로, 많은 사람들이 꿈꾸는 인생을 살고 있었다. 그는 혼자서 연간 200만 달러의 매출이 나는 수익성 높은 사업체를 안정적으로 경영하고 있었다. 그때는 뉴저지의 자택에서 툴스포위즈덤Tools4Wisdom이라는 온라인 상점을 운영한 지 5년째였다. 이 사이트는 소비자의 영감을 자극하는 위클리, 먼슬리 플래너를 판매하고 있다. 인쇄는 외주업체에 맡기기 때문에 그의 일과는 고객 서비스 업무와 사업 개발, 마케팅에 집중되어 있다. 그는 사업을 운영하면서 아내, 두 딸과 함께 언제든 가족 휴가를 떠날 수 있을 만큼 시간적 여유가 충분한 삶을 살고 있다.

그가 처음부터 사업가를 꿈꾼 것은 아니었다. 내들러는 비즈니스 매니지먼트와 테크놀로지를 전공한 후, 다국적 은행의 실적이 가장 높은 부서 중 한 곳에서 프로젝트 매니저로 커리어를 쌓았다. 부모님이 지원해준 학비에 걸맞은 직장이었고 자녀들을 부양하기에도 부족함이 없었다. 그러나 6년 전 큰 딸에게 자신이 좋아하는 일을 해야 한다고 말하던 중 문득 그 말에 진심이 없음을 느꼈다. 정작 본인은 그렇게 살지 못하고 있다는 생각에서였다.

자신의 일을 좋아했지만 항상 데드라인에 부담감을 느꼈고 긴박하게 돌아가는 상황에 그는 스트레스를 많이 받고 있었다. 은행에서 트레이딩 문제가 생길 때마다 해결하는 업무가 힘들기도 했다. 그가 좋아하는 것은 본인의 생산성을 향상시키고 주변 사람들의 생산성 역시 향상될 수 있도록 돕는 일이었다. 프로젝트 매니저를 시작한 계기도 이 때문이었다. 내들러는 딸에게 한 조언을 실천에 옮길 때가 되었다고 판단했다. 곧 자신만의 플래너를 디자인하고 생산해 온라인으로 판매하는 부업을 시작했다. 여타 플래너와 달리 그의 플래너는 투두to-do 리스트가 부각되지 않는다. 대신 최종 목표에 이르기 위해 주별로 성취해야 할 핵심 과제를 강조한다. 타임 테이블 페이지에도 차별성을 두었다. 물리적 시간을 정해 무언가를 해야 한다는 방향이 아니라, 우리가 하루에 발휘할 수 있는 정신적 에너지에 중점을 두었다. 내들러는 이렇게 설명했다. "몇 년간 회사를 다니며 느낀 점은 시간의 문제가 아니라 집중력의 문제였습니다. 하루에 우리가 집중력을 발휘할 수 있는 시간은 고작해야 서너 시간밖에 안 되거든요."

많은 사람들이 그의 아이디어에 호응했고 플래너를 구매했다. 2년 전쯤 플래너 사업소득이 10만 달러를 넘기자 내들러는 본격적으로 사업을 하기 위해 직장을 그만두었다.

초경량 기업들의 전성시대

라즐로 내들러와 같이 초경량 1인 기업을 성장시켜 100만 달러 혹은 그 이상의 매출에 도달하는 비즈니스 모델은 지금 뜨거운 트렌드이다. 최근 미국 통계국US Census Bureau의 자료에 따르면 2015년 기준 오너 외에 직원이 없는 '1인' 기업으로 연간 매출 100만 달러 이상 250만 달러 미만인 기업은 3만 5,548곳으로 조사되었다. 2014년 대비 5.8퍼센트, 2013년 대비 18퍼센트, 2012년 대비 21퍼센트, 2011년 대비 33퍼센트 증가한 수치이다. 몇몇 성과가 좋은 1인 기업은 훨씬 높은 매출을 달성하기도 했다. 2015년, 3년 이상 연평균 250만 달러 이상 500만 달러 미만의 매출을 기록한 1인 기업은 2,090곳으로 조사되었고, 355개의 기업은 500만 달러 이상이었다.

고매출 1인 기업의 수가 비교적 적긴 하지만 100만 달러 매출에 가까워지는 소규모 기업의 수는 계속 늘고 있다. 100만 달러 매출을 넘길 수 있는 잠재력을 지닌 기업은 많다.

• 25만 8,148개의 기업이 50만 달러 이상 100만 달러 미만의 매

출을 달성했다.

· 58만 4,586개의 기업이 25만 달러 이상 50만 달러 미만의 매출을 기록했다.

· 186만 1,656개의 기업이 10만 달러 이상 25만 달러 미만의 매출을 달성했다.

1인 기업을 성장시키는 동력은 무엇일까? 바로 인터넷이다. 인터넷을 통해 1인 기업가는 낮은 비용으로 빠르게 세계 시장으로 진입할 수 있다. "기업인의 역량을 확장시키고 다양한 도구를 활용하는 데 인터넷이 큰 역할을 했습니다." 기술혁신 조달 관련 연구 및 분석 기관이자 미디어 기업인 스펜드 매터스 네트워크Spend Matters Network에서 인적자원 조달 및 공급관리 분야의 책임 연구원으로 노동 시장의 온라인 플랫폼 활용을 조사한 앤드루 카피Andrew Karpie의 설명이다.

인터넷이 1인 기업가에게 제공하는 기능은 상상을 초월한다. 벤처 투자가인 에릭 스콧은 합법적 구조를 갖춘 기업을 설립하고 영업과 유통 체계를 세우는 과정이 그 어느 때보다 빠르고 간편해졌다고 설명했다. 온라인으로 법률 서비스를 제공하는 업체의 도움을 받으면 사업체 설립에 한 시간도 걸리지 않는다. 웹사이트를 만들어야 할 때 워드프레스WordPress, 스퀘어스페이스Squarespace, 위블리Weebly 등 무료로 혹은 저렴한 가격으로 서비스를 제공하는 온라인 플랫폼도 쉽게 찾을 수 있다. 99디자인99designs과 같은 플랫폼을 통해 필요한 디자인을 의뢰하고 업워크Upwork, 프리랜서Freelancer, 피플퍼아워PeoplePerHour 등의 프리랜서 구인구직 사이트에서 글쓰기 혹은 기술적 문제를 해결해줄 전문 인력을 쉽게 구할 수 있다. 클라우드 기반 저장소 덕분에 스타트업을 시작할 때 장애가 되었던 고가의 서버 역시 구매할 필요가 없어졌다. 무엇보다 구글 같은 검색엔진과 페이스북 같은 소셜 플랫폼을 통해 비교적 저렴하게 디지털 홍보가 가능해지자 빠른 시간 안에 대중에게 접근할 수 있게 되었다. 구매고객을 확보한 후에는 눈부신 발전을 거듭하는 결제 서비스 제공업체를 이용해 전 세계의 고객에게 온라인 결제를 요청하고, 인보이싱 소프트웨어 클릭 한 번으로 고객의 ACHAutomated Clearing House(자동전자결제 시스템─옮긴이)와 신용카드 결제도 손쉬워졌다.

그러나 1인 기업가의 성공이 무료로 제공되는 기술과 자동화 도구의 발달로만 가능했던 건 아니다. 사업체를 운영하는 기업인의 태도 변화 역시 중요한 요인이다. 1인 기업인들은 수많은 노동자를 고용해 사업체를 키우던 헨리 포드 시대Henry Ford-era의 비즈니스 모델을 답습하지 않고 가볍게 움직이는 쪽을 택했다. 개인의 능력을 확장해야 할 때 이들은 독립계약자를 고용하거나 결제 처리를 포함해 위탁이 가능한 업무를 수행할 외부업체를 찾아 나선다. 인튜이트Intuit의 퀵북온라인QuickBooks Online(온라인 회계 및 재정관리 서비스 제공업체─옮긴이) 부회장인 알렉스 후드Alex Hood는 소상공인을 위한 대표적 행사인 스마트 허슬 스몰 비즈니스 콘퍼런스Smart Hustle Small Business Conference에서 새로운 경영 트렌드 때문에 2001년 기준 사원수 6.5명이었던 미국 내 중소기업의 평균 규모가 2014년도에는 4명으로 줄었다고 밝혔다.

초경량 기업이 성장하자 독립계약자와 아웃소싱 인력 시장도 커지고 있다. 일반적인 매니저와 사원의 관계에 비해 1인 기업인과 외주인력 사이는 더욱 긍정적이고 평등한 관계가 되고 있다. 기업인은 자신의 일을 돕는 직원을 감독해야 할 부하로 보지 않고 신뢰할 파트너로 대한다. 서로 공생하며 각자의 비즈니스를 함께하는 공동체인 것이다.

캐나다 밴쿠버에 본사를 둔 피트니스 온 더 고Fitness on the Go는 집으로 찾아가는 퍼스널 트레이닝 프랜차이즈 기업이다. 설립자이자 회장인 33세의 댄 메제리츠키Dan Mezheritsky는 이렇게 말했다. "독립계약자와 개인사업자의 열정은 정말 대단합니다. 월급 때문에 버티는 일반 직원들과 달리 이들은 자신과 함께 일하는 기업인의 비즈니스를 도와주기 위해, 더불어 자신의 비즈니스도 성장시키기 위해 노력하거든요." 2016년 피트니스 온 더 고의 매출은 550만 달러를 달성했고 그중 본사 매출은 150만 달러, 150만 달러 가운데 30퍼센트는 순수익이다.

통계국에서는 직원이 없는 회사nonemployer firms라는 명칭으로 초경량 기업을 정체성과 다르게 분류하지만, 1인 기업가들 대다수는 본인의 비즈니스를 정확히 알고 있다. 바로, 기업가의 의지에 따라 높은 소득과 균형 잡힌 삶, 신나는 인생을 누릴 기회를 보장해주는 엔진이라는 정체성이다. 이러한 비즈니스는 오늘날 대다수의 노동자가 누릴 수 없는 세 가지를 제공한다. 자신의 시간을 주체적으로 관리하고, 그 시간을 즐길 경제적 여유를 허락하며, 자신이 원하는 삶을 살 수 있는 독립성이 그것이다.

대다수의 기업인들은 일반 회사원들이 경제적 자유를 위해 택하는 경로 두 가지 가운데 하나를 선택한다. 1번은 직장을 떠나 상점이나 음식점 등 전형적인 소규모 사업체를 시작하는 것이다. 2번은 스타트업의 규모를 키워 주식을 상장하거나 대기업에 합병되는 방법이다. 하지만 100만 달러의 1인 기업인들은 3번, 즉 새로운 경로로 향한다. 개인 혹은 비즈니스 파트너들과 함께 역량을 확장시켜 규모가 큰 조직에서만 가능했던 일을 성취하는 것이다.

대단한 노력이 필요한 일이지만 노동 시장의 변화와 자동화의 발전, 시장 진입을 쉽게 만드는 과학기술의 발달로 그 과정은 한결 쉬워지고 있다. "성공적인 1인 기업가들 이후, 더욱 확장된 사고방식이 탄생하고 있습니다." 에릭 스콧의 말이다. 기업을 운영하는 새로운 방식은 세상을 변화시키고 소규모의 1인 기업이 모여 발휘하는 힘에는 굉장한 파급력이 있다.

보통 사람들의 획기적인 인생 전환

이런 기업 뒤에는 어떤 기업가들이 있는 것일까? 이들은 어떻게 수익을 창출할까? 100만 달러의 1인 혹은 2인의 소규모 기업을 세운 창립자들은 일하는 시간을 최대한 명민하게 활용하는 방법을 터득한 보통 사람들이었다. 100만 달러를 달성한 1인 기업은 보통 여섯 개의 분야로 나뉜다.

1. 전자상거래e-commerce 산업
2. 제조업
3. 정보 콘텐츠 창조 산업
4. 마케팅, 퍼블릭 스피킹, 자문 회사 등의 전문 서비스 산업
5. 피트니스 코칭과 같이 전문 인력을 제공하는 퍼스널 서비스 기업
6. 부동산 산업

100만 달러의 1인 기업은 아웃소싱과 자동화, 모바일 기술을 활용하거나 이 세 가지 도구를 모두 조합해 기업을 세우고 운영하며 성장시킨다. 그렇다고 세 가지 도구를 모두 사용하기에 유리한 분야가 따로 있는 것은 아니다. 성공적인 1인 기업가들의 이야기를 취재하는 과정에서도 그들이 선택하는 분야의 공통점이 없다는 걸 발견했다. 앞으로 자세히 다루겠지만, 아래의 글만 봐도 얼마나 다양한 분야에서 100만 달러의 1인 기업이 탄생했는지 놀라울 정도이다.

38세의 리베카 크론스Rebecca Krones과 54세의 남편 루이스 세발료스Luis Zevallos는 캘리포니아주 오클랜드에서 트로피컬 트레이더스 스페셜티 푸드Tropical Traders Specialty Foods를 운영한다. 두 사람이 운영하는 웹사

이트와 여러 소매 유통경로에 유기농 꿀을 판매하는 이 회사는 연간 매출이 100만 달러를 상회한다. 이 부부는 상품 포장을 아웃소싱으로 맡겨 어린 두 아이들과 많은 시간을 함께하며 지낸다.

52세의 코리 빈스필드Cory Binsfield는 미네소타주 덜루스에 위치한 본인 소유의 아파트 116곳을 임대하며 연간 100만 달러 이상의 수익을 거둔다. 그는 젊었을 때 재무설계사로 일하며 연간 소득이 5만 달러가 되지 않았을 때 첫 부동산을 구매했다. 은행 대출을 받을 수 없었던 때라 부동산 소유자에게 5,000달러를 선불로 전하고 부족한 돈을 갚겠다고 설득해 집을 샀다. 꾸준하게 신용을 쌓은 덕분에 2년 후에는 은행 대출이 가능해졌다. 두 번째 부동산을 계약한 후 그는 여러 채의 집을 구매해나갔다. 그는 이렇게 말했다. "전략적으로 움직였죠. 두 가족이 살 수 있는 집 열 채만 있다면 백만장자가 금방 될 수 있겠다고 생각했습니다. 목표를 이루는 데 5년도 안 걸렸어요." 그 후에도 그는 멈추지 않았다.

37세의 메건 텔프너Meghan Telpner는 웰니스wellness를 전파하는 웹사이트 메건텔프너닷컴MeghanTelphner.com을 9년 째 운영하고 있다. 자가면역 질환으로 광고 일을 할 수 없을 만큼 건강상태가 나빠지자 그녀는 건강 회복에만 힘쓴 이후 웹사이트를 시작했다. 그녀는 홀리스틱 영양사holistic nutrition(영양학, 생화학, 약초, 심리학 등 다양한 분야를 공부하며 자연주의적 관점에서 신체적, 심리적 질병을 치유하는 직업—옮긴이) 자격증을 취득한 후 토론토에 있는 자신의 집 다락방에서 쿠킹 클래스를 열었다. 3년 전, 조리영양 아카데미Academy of Culinary Nutrition(CulinaryNutrition.com)를 오픈해 온라인 클래스를 시작했고, 전문 영양사는 물론 건강한 음식을 섭취하기 위해 노력하는 일반인들을 대상으로 온라인 요리 강습을 선보였다. 온라인 아카데미를 연 지 1년 만에 100만 달러 매출을 달성했다.

55세의 조너선 존슨Jonathan Johnson은 금융업계에 있었으나 국제 금융 위기를 예감하고 새로운 수입원을 찾아 캘리포니아주 치코에서 디렉트거브 소스Inc. DirectGov Source Inc.를 설립했다. 그는 경찰 기관에 방탄조끼와 헬멧 등의 장비를 판매하는 사업 외에 새로운 웹사이트를 열어 의료시설 및 홈 헬스케어 시설에 감염방지 물품을 판매하기 시작했고, 2016년에는 280만 달러의 매출을 올렸다.

켈리 레스터Kelly Lester는 세 자녀를 키우는 50대 여성으로 이지런치박스EasyLunchboxes라는 수익성 높은 벤처회사를 소유하고 있다. 그녀는 대형 온라인몰과 자신이 운영하는 웹사이트를 통해 일본 스타일의 도시락통을 판매해 연간 100만 달러 이상의 매출을 기록하고 있다. 시간적 여유가 있기 때문에 TV와 연극무대에서 배우로도 활동한다. 최근에는 타깃Target(미국의 대형 소매점─옮긴이)과 계약을 체결해 미국 전 지역의 900곳이 넘는 매장에서 제품을 판매하기 시작했다.

캐나다 토론토의 다운타운에 거주하는 서른두 살 솔 오웰Sol Orwell은 건강보조제에 관한 전자책을 판매해 수백만 달러의 매출을 달성했다. 그는 식품 영양연구원 등 전문직 독립계약자에게 의뢰해 전자책을 출간한다. 자유 시간이 많은 오웰은 전 세계를 여행하며 지낸다. 평소에는 재택근무를 하는데 사무실로 돌아가 일을 해야 한다는 압박감이나 돈을 벌어야 한다는 부담감 없이 마음껏 산책을 즐기고 여행 욕구를 채우며 살아간다.

1인 혹은 2인 기업을 운영하는 사람들 가운데 100만 달러 매출이 가능하다고 생각하는 사람은 많지 않다. 방법을 몰라서 그럴 수도 있다. 이 책에서는 목표를 성취한 사람들의 실제 사례를 살펴보고 그 방법을 공유하고자 한다. 앞으로의 내용을 읽으며 아래의 세 가지를 만족하는 비즈니스 모델을 찾을 수 있을 것이다.

1. 여섯 가지 주된 사업 분야 가운데 자신의 적성과 능력, 경험에 가장 어울리는 고수익 1인 기업이 무엇인지 찾는다.
2. 저가의 접근성 좋은 유통 채널을 활용해 적은 자금으로 성공적으로 사업을 시작한다.
3. 사업 기반을 탄탄히 다져 일터를 떠나 인생을 누리고 지역사회에 환원할 기회를 얻는다.

매출 100만 달러의 1인 기업가가 되면 가격표를 보지 않고 무엇이든 살 수 있는 삶을 누리게 될까? 그건 아닐 거다. 또한 비용과 세금을 제해야 하니 연간 100만 달러의 순이익이 남지 않을 것이다. 그러나 그 매출은 오롯이 자신의 성과이다. 100만 달러의 매출을 반드시 달성할 필요가 없다 해도 이 책에 소개된 아이디어를 통해 적은 시간을 들여 많은 돈을 버는 방법을 터득하면 지금보다 인생을 즐길 여유를 얻을 수 있을 것이다.

만약 생활비가 많이 드는 지역에 산다면 직장인들의 정체된 소득으로는 어려운, 다음과 같은 일을 100만 달러의 1인 기업가가 되어 할 수 있을 것이다.

- 자가주택 소유(대출을 못 갚는다는 걱정 없이)
- 노후 자금 확보
- 학자금 대출 상환
- 대학교 학비 지원
- 원할 때 휴가를 내고 여행을 떠나는 자유와 기회

위의 장점들보다 더 좋은 건 회사를 다니며 비슷한 수준의 소득을 벌 때 동반되는 개인적 희생이 필요 없다는 점이다. 100만 달러 가치의 1인 기업을 운영하면 매일 사무실에 갇혀 지내는 삶에서 벗어날 수 있다. 일과 후 여가활동을 즐기거나 가족에 대해 책임감을 다하는 일이 커리어에 방해 또는 해고대상자의 사유가 될지도 모른다는 불안감에서 자유로워진다.

내 삶을 함께하는 사람들과 즐거운 시간을 보낼 여유도 많아진다. 기업 임원들과 심지어 중견기업인들도 자녀가 태어난 후 10년의 시간을 잃어버리고 후회하지만, 1인 기업인은 그 소중한 시간을 가족과 함께한다. 인생이 제공하는 모험을 즐기고 주변 사람들과의 관계를 돌보는 여유가 실제로 가능해진다. 대다수의 사람들이 원하고 있지만 엄두를 내지 못하는 일 말이다.

제2장

불가능을
가능으로 만드는 힘

The Million-Dollar, One-Person Business

툴스포위즈덤이라는 플래너 사업을 시작한 라즐로 내들러는 경제적으로 엄청난 성장을 이루었다. 그는 고소득은 아니었지만 안정적이었던 프로젝트 매니지먼트 일을 그만두고 자신이 개발한 데일리 플래너(시간 관리 노트)를 판매하고 있다. 직장에서 긴박한 문제를 해결한 후 저녁 8시가 되어야 퇴근하던 과거와 달리 이제는 '향후 5년의 목표는 무엇이고 이를 위한 창의적 접근법은 무엇인가?'처럼 미래를 위한 질문을 할 만큼 시간적 여유도 생겼다. 그리고 매일 아내, 두 딸과 함께 하는 시간도 많아졌다.

내들러는 사업에 대해 아무것도 몰랐지만 그냥 시작했다. 전자상거래는 매출 100만 달러의 잠재성을 지닌 여섯 가지 사업 분야 중 하나였지만 그는 온라인 상점 운영이라는 뚜렷한 목표가 있었던 것도 아니었다. 언제든 자신이 원할 때 일을 하고 그렇지 않을 때는 쉴 수 있는 자유를 허락할 정도로 자동화된 사업체를 차려 부수입을 올리고 싶은 마음이었다. 그리고 자신이 생각한 바를 빠르고 편하게 이룰 수 있는 건 온라인 스토어라는 결론에 이르렀다. 그는 팀 페리스Tim Ferriss 의 베스트셀러 도서를 언급했다. "《나는 4시간만 일한다》The 4-Hour Workweek를 읽고 결심했습니다. 책을 읽고서 현재의 시스템에 저항하고 싶은 마음이 들었고 제가 처한 상황에 질문을 던지게 되었어요. 그리고 저도 성공할 수 있을지 도전해보자는 마음이 생겼습니다. 그리고 해냈죠."

내들러의 스타트업 툴스포위즈덤은 내가 100만 달러 1인 기업의 이상적인 모델로 꼽는 사례 중 하나지만, 지금도 비슷한 기업이 시장에 속속 등장하고 있다. 내들러의 사업 분야인 전자상거래에 대해 자세히 살펴보자. 2015년에는 오너 외에 상시근로자가 없는 2,965개의 소매업체가 연 100만 달러 이상 250만 달러 미만의 매출을 기록했다. 571개의 강소기업이 250만 달러 이상 500만 달러 미만을, 여섯 개의 업계 최정상급의 슈퍼스타superstar 기업이 500만 달러 이상의 매출을 달성했다. 위에 언급된 기업의 수가 많다고 볼 수 없지만 10만 달러 이상의 매출을 올리는 1인 소매기업의 수는 훨씬 많았다. 50만 달러 이상 100만 달러 미만의 매출을 기록한 사업체는 2만 567개, 25만 달러 이상 50만 달러 미만을 기록한 곳은 5만 2,213개, 10만 달러 이상 25만 달러 미만의 매출을 낸 기업은 13만 1,919곳이었다. 이중 대다수는 온라인 상점이었다. 온라인 상점과 전자메일 주문 등으로만 10만 달러 이상의 매출을 기록한 소매업체는 3만 5,501개였다. 소규모 업체의 매출은 기업인에게 수익 이상의 의미가 있다. 나중에 다시 이야기하겠지만, 훗날 다른 기업에 팔 수 있는 귀중한 자산으로도 가치가 있기 때문이다.

가장 빨리 사업가가 되는 길

온라인 상점 가운데 매출 5,000달러를 넘지 못하거나 2만 5,000달러 선에서 정체되어 어려움을 겪는 곳도 분명 많다. 이것이 그래픽 디자인숍에서 자문 회사까지 수많은 1인 기업이 겪는 현실이다. 내들러의 기업은 성공한 1인 기업의 차별점을 드러내는 사례이다. 1인 기업의 성공 요인을 이해하면 이 책을 통해 제대로 된 비즈니스 아이디어를 선별할 수 있다. 그 아이디어를 고매출 1인 기업으로 탄생시키는 방법을 최대한 활용해 자신이 원하는 삶을 살 기회를 얻을 수 있다.

🪙 1인 기업가의 현황

프리랜서나 1인 자영업자에게 혼자 일해서 좋은 점을 물으면 바로 자유와 독립성이라고 답한다. 버지니아주 헌든에 있는, 프리랜서 전문가를 대상으로 행정 업무를 지원하는 백오피스back office 서비스를 제공하는 MBO 파트너스MBO Partners의 2017년 미국의 독립형 근로자 현황The State of Independence in America 2017[4]에 따르면 75퍼센트의 응답자가 독립적인 근무의 가장 큰 동기는 본인의 의지대로 일하는 자유, 74퍼센트는 융통성이라고 응답했다(복수 응답).

조사에 따르면 1인 기업가들 대다수가 직장생활을 할 때보다 수입이 늘어난 것으로 드러났다. 시장조사 기관인 이머전트 리서치Emergent Research와 록브리지 어소시에이트Rockbridge Associates가 공동주관해 21세 이상 성인 3,008명을 대상으로 진행한 설문조사를 바탕으로 MBO 파트너스는 미국 내 전업 독립형 근로자의 수를 1,620만 명으로 집계했다. 전업 독립형 근로자는 최소 주 15시간에서 평균적으로 주 35시간 이상 근무하고 있었다. 응답자 중 43퍼센트는 전에 비해 수입이 높아졌다고 대답했다. 이중 19.75퍼센트, 즉 320만 명이 2017년에 10만 달러 이상의 소득을 거두었고, 이는 2016년에 비해 4.9퍼센트나 늘어난 수치였다. 이들은 비즈니스 모델을 계획할 때 시장에서 상품가치가 높은 전문 지식과 서비스가 무엇인지 신중하게 고려해 성공을 거두었다. "지금 이 수치는 시장수요가 급증하고 있는 전문 지식을 갖춘 사람들의 수입니다." MBO 파트너스의 회장이자 CEO인 진 제이노_{Gene Zaino}가 설명했다. 설문조사 결과 대다수의 사람들은 해고나 다른 문제로 회사를 나온 게 아닌 자신의 의지로 독립형 근로자의 삶을 선택했다. 이를 근거로 MBO 파트너스는 2022년 즈음에는 미국 내 독립형 근로자의 수가 현재 4,090만 명보다 많은 4,760만 명에 달할 것으로 예상했다. 이것은 오늘날 미국의 16세 이상 노동 인구인 1억 2,376만 1,000명이 2022년에도 그대로 유지된다는 가정하에 독립형 근로자가 전체 노동 인구의 38퍼센트를 차지한다는 의미다.[5]

100만 달러 1인 기업인의 몇 가지 중요한 공통점이 있다. 그게 무엇인지 자세히 살펴보자.

내가 정말 좋아하고 잘하는 것을 찾아라

100만 달러의 기업인들은 자신의 아이디어가 수익성이 높다 해도 혹은 시장조사 결과가 이를 뒷받침한다 해도 본인이 열정적이지 않다면 계속 못 하는 사람들이다. 라즐로 내들러가 괜찮은 비즈니스 아이디어를 고심하며 일상생활 속에서 실마리를 얻고자 할 때, 자신이 하루 일과를 계획하고 정리하는 일에 지나치게 몰두한다는 것을 깨달았다. 곧, 그는 데일리 플래너로 사업을 시작할 수 있겠다는 생각이 들었다. 프로젝트 매니저로 근무하며 자신의 생산성 향상에 주력할수록 구상중인 플래너 역시 형태를 갖추어 나갔다. 소비자로서 자신이 원하는 포맷, 개인의 최종 목표에 초점을 둔 제품은 보지 못했다는 것을 깨닫고는 직접 디자인한 플래너를 판매하기로 했다.

플래너 사업은 누구나 할 수 있는 일일까? 아니다. 누군가에게는 데일리 플래너를 떠올리는 것이 끔찍한 고문처럼 느껴질 것이다. 만약 전자 기기, 주식 투자, 팔레오(가공식품이나 유제품, 정제된 곡물 등을 피하고 구석기 시대처럼 음식을 섭취하는 식단—옮긴이) 요리, 펑키한 핸드백, 정원용 땅속 요정 장식품 등 자신이 집착하는 무언가가 있다면, 100만 달러를 불러올 비즈니스 아이디어는 이 연장선에서 시작해야 한다. 자신이 매일 접해도 즐거울 아이디어, 웹사이트에 쓰일 카피 문구를 생각하거나 고객의 질문에 대답해야 하는 쉽지 않은 상황에서도 즐길 수 있는 아이디어 하나를 찾아내는 게 바로 성공의 비결이다. 물론, 당신이 기획한 물품을 구매할 사람이 있는지 확실히 하려면 시장조사를 해야 한다. 세계에서 단 열 명만이 알아주는 열정으로는 100만 달러의 1인 기업을 만들 수 없다. 굉장히 비싼 가격에도 소비자가 기꺼이 구매할 만큼, 시장에서 완벽한 우위를 점유한 게 아니라면 말이다.

혼자서 모두 해결하겠다는 생각에서 벗어나라

1인 기업 오너들은 모든 일을 혼자 처리한다. 자신이 좋아하는 일을 직접 하는 게 잘못된 건 없지만 이런 식으로 100만 달러 매출을 달성하기는 어렵다. 그렇게 높은 매출에 진입하려면 한 사람이 해낼 수 있는 일 이상으로 자신의 역량을 확장시켜야 한다. 직원을 채용하지 않고 1인 기업인 홀로 이 목표를 달성하려면 독립계약자를 구하거나 아웃소싱, 자동화를 통해 업무를 분담하는 방법밖에 없다. 상시 근로자가 없는 고매출 기업의 오너들은 위에 소개된 방법 세 가지를 적절히 조합하여 활용한다. 내들러의 말처럼 "꿈을 이루기 위해선 팀이 필요하다. 팀이 필요치 않은 꿈이라면 크지 않은 꿈이다." 또한 상품과 서비스 가격을 정확하게 정하는 것 역시 중요한데, 이 부분은 뒤에서 자세히 다루겠다.

내들러는 초경량 팀을 꾸리는 데 전문가이다. 사업 시작부터 본인이 만들고 싶은 플래너가 머릿속에 있었지만 디자인 교육을 받지 않았던 그는 막연한 아이디어를 실제로 구현할 방법이 막막했다. 만약 그가 직접 디자인 공부를 시작했다면 무척 즐거운 경험이 되었을지도 모른다. 그러나 디자인을 익히는 데 몇 년이 필요할 터였고, 그 과정에서 사업을 시작하기도 전에 에너지를 소진했을지도 모를 일이었다. 직장을 그만둘 정도의 고매출 기업을 세우겠다는 자신의 목표를 거듭 상기하며 그는 모든 일을 혼자 하고 싶은 유혹을 뿌리쳤다. 구상했던 플래너 디자인으로 몇 번의 시험을 거듭한 끝에 그는 프리랜서 그래픽 디자이너를 고용해 독창적인 디자인을 완성시켰다. 멀리서 찾을 필요도 없었다. 내들러가 고용한 청소 도우미가 우연히도 디자인에 대단한 열정을 지닌 MBA 졸업생이었다. 청소 도우미의 재능을 알게 된 내들러는 플래너 디자인의 완성을 위해 그녀에게 도움을 요청했다. 그가 플래너 페이지를 엑셀로 만들면 디자이너는 어도비 인디자인프로그램으로 옮겨주었다. 이후에도 그는 일상생활에서 만나는 사람들의 재주가 무엇인지 항상 관심을 기울였고, 자신의 제안을 기꺼이 받아들이는 프리랜서들을 고용해 함께 일했다.

얼마 후 마음에 드는 디자인을 완성하자 시간이 날 때마다 집에 있는 프린터로 출력하며 제품의 실용성은 물론 제작과정을 시험해봤다. 집에서 플래너를 제작한다는 것이 어떤 결과를 초래하는지 모른 채 7개월에서 10개월 동안 실험을 계속했고, 결국 디자인과 마찬가지로 상품 제작 역시 DIY 방식으로 가능하지 않다는 것을 깨달았다. 내들러는 당시의 상황을 이렇게 설명했다. "프린터 공장을 차린 셈이었죠. 최첨단 레이저 프린터를 열두 대, 열네 대쯤 구매했어요. 그때는 연휴 기간이었습니다. 다른 사람들은 즐거운 시간을 보내고 있었지만 저는 제가 만든 1인 작업장에 갇혀 노동력을 착취당하고 있었어요. 결국 믿을 만한 공급사를 찾았습니다. 그제야 사업을 시작할 수 있었습니다." 그가 말한 공급업체는 온라인 프린팅 회사였다.

내들러의 노력이 빛을 발하며 사업이 성공가도를 달리는 지금 그는 회사를 성장시키는 데 주력하고 있다. "생산과 공급망을 외부업체에 위탁한다면 사업체 성장에는 한계점이 없습니다."

판매와 주문처리 과정을 단순화시켜라

내들러는 전자상거래 플랫폼 쇼피파이Shopify를 이용해 심플한 온라인 상점을 만들었지만 그 사이트에만 매달리지 않았다. 대부분의 100만 달러 기업인들은 상품을 가장 많이 판매할 수 있는 방법을 찾으려고 다양한 시도를 하지만 결국에는 가장 효과가 좋은 수단 하나 혹은 판매처 한 곳을 골라 그곳에만 집중한다. 내들러는 상품을 고객에게 노출시키기에 유리한 대형 인터넷 상점에 입점해 플래너를 홍보하기로 결정했다. 소매업계의 공룡으로 알려진 이 사이트에서는 판매자에게 주문처리fulfillment 서비스를 제공하고 있어 내들러가 직접 상품을 포장하고 배송하지 않아도 되었다. 신규 등록한 판매자는 사이트에 보낼 샘플 상품을 준비해야 하지만 내들러의 경우 다행히 테스트용 상품을 만들어두었기 때문에 추가로 돈과 시간이 필요하지 않았다. 남은 것은 월 이용료 49달러의 전문 판매자 계좌를 개설하는 일뿐이었다. 운이 좋게도 내들러는 얼마 지나지 않아 판매자로 승인을 받았다.

커뮤니티를 형성하라

100만 달러 기업인은 상사도 직원도 없이 기업을 운영하지만 그렇다고 혼자 고립된 채 성공을 거두지 않는다. 이들은 사업의 성공이 공급업체와 능력 있는 프리랜서, 고객 등 모두 사람에 의해 좌우된다는 사실을 잘 알고 있다. 일반적으로 100만 달러 기업의 성패는 상품에 뜨겁게 호응하고 다른 사람의 구매에도 영향을 미치는 고객층과 밀접한 연관이 있다.

내들러는 플래너를 주축으로 커뮤니티를 형성하기 위해 무료 디지털 도구를 활용했다. 한 예로 페이스북 오디언스 인사이트Facebook Audience Insights에서는 내들러가 타깃 고객층으로 잡아야 할 구매자의 상세한 인구통계학적 프로필을 제공했다. 덕분에 그는 중년 여성이 자신의 상품을 주로 구매하는 고객층임을 파악했다. 이러한 정보를 바탕으로 주 고객층에 맞게 상품 소개와 마케팅 전략을 지속적으로 수정하며 매출 상승효과를 노렸다.

플래너 사업이 그의 유일한 수입원이 된 이상 사업체를 성공적으로 이끌기 위해 그는 자신의 시간 80퍼센트를 회사의 성장에 쏟아붓고 있다. 그는 구매자가 툴스포위즈덤에 대한 입소문을 낼 만큼 고객 만족도를 높이는 일에 주력했다. 일반적인 기업이 고객 서비스 업무를 신입 직원이나 제대로 훈련되지 않은 콜센터 직원에게 맡기는 것과는 달랐다. 온라인 시장에서 고객 후기는 새로운 매출과 직결되기 때문이라고 그는 설명했다. "고객 서비스는 제 일과 중 가장 중요한 업무입니다. 110개의 후기가 있다면 고객은 어떤 후기부터 읽을까요? 바로 별 한 개짜리 후기입니다."

지금부터 일을 다르게 보자

라즐로 내들러의 기업을 포함해 여러 성공적인 1인 기업이 좋은 결과를 얻은 이유가 단지 성장에만 집중했기 때문은 아니다. 일을 새로운 관점으로 바라보고 새로운 과학기술이 가져온 가능성을 수용한 것이 주효했다.

선진국에 살아서 마땅히 견뎌야 하는 부담감을 내들러 역시 느끼고 있었다. 그것은 일반 회사에서 정직원으로 일하며 가족을 '안전한' 방법으로 부양해야 한다는 사회적 압박감이었다. 미국에서 말하는 회사원의 삶이란 강인한 정신력과 근면 성실한 태도로 괴로운 출퇴근길을 견디고, 매일같이 일터에서 그렇지 않을 때도 있지만, 지루하고 무의미한 미팅에 참석하고 잡무를 처리하며 소중한 시간을 낭비하는 것을 뜻한다. 또한 내 업무량을 결정하고 앞날을 좌지우지할 수 있는 까다로운 상사에게 지나치게 많은 보고를 해야 하는 일이기도 하다.

내들러는 사업 운영이 위험부담은 있지만 훨씬 활기차고 긍정적인 직업 경로라고 판단했다. "두 종류의 사람이 있습니다. 첫째, 성공보다 안전성을 우선시하고 결과가 예측 가능한 환경에서 편안함을 느끼는 사람입니다. 직장인으로 커리어를 쌓기에 최적화된 사람들이죠. 다른 부류는 기업가정신을 지닌 사람들입니다. 이들은 열린 마음으로 모험을 감행하고 결과를 걱정하지 않습니다. 결과보다는 여정을 기대하는 사람들이죠." 내들러는 부업으로 사업을 시작하며 자신이 안정보다는 발전과 변화를 즐기는 사람이라는 걸 깨달았다. 과거에 자신이 정해 놓은 인생의 잣대에서 벗어나 1인 기업가의 삶을 그는 기꺼이 받아들였다. 여러 웹사이트를 방문해 글을 읽고 다양한 책을 읽으며 인생에서 진정으로 중요한 것이 무엇인지 배워나갔고, 일반적인 사회적 경로를 이탈해 본인이 선택한 길을 나아갈 힘을 얻었다.

계획적으로 준비했던 도박은 성공적이었다. 수익성 높은 사업에 완전히 뛰어든 지 4년 만에 매출 200만 달러를 달성했고 그의 삶은 달라졌다. 내년 혹은 내후년에도 내들러는 1인 기업을 운영하고 있을까? 아니면 팀을 꾸려 규모를 키우고 있을까? 이런 것은 중요하지 않다. 중요한 것은 바로 100만 달러의 1인 기업이 우리에게 주는 선택권이다. 굉장한 수익을 벌어들이며 소규모 사업체로 남을 것인지 성장을 계속할 것인지는 선택의 문제다. 어느 쪽이든 프리랜서로 고군분투하며 느낄 아픔들, 가령 자동차 타이어 교체 같이 예상치 못한 지출로 몇 달 동안 생활고에 시달리는 일은 겪지 않을 것이다.

그처럼 자유를 누리고픈 예비 기업인들에게 내들러가 하고 싶은 말은 무엇일까? 학교에서 배웠던 직업의 개념은 디지털 세상이 가져온 새롭고 신나는 가능성, 큰 소득을 벌 수 있는 기회 앞에서 무용지물이 되었다는 사실을 인정하라는 것이다. 자신이 좋아하는 것이 무엇인지 하루빨리 깨달아 공부를 시작하고 매일 자신의 열정을 따라 그 분야의 전문가가 되어야 한다고 그는 전했다.

고리타분한 일을 버리고 내들러와 같은 기업인들이 누리는 자유를 선사할 새로운 일을 맞이할 준비가 되었는가? 다음 장에서는 솔 오웰 및 여러 기업인의 이야기를 통해 어떤 비즈니스를 선택해야 하는지 살펴보고자 한다.

제3장

어떤 비즈니스를
시작할 수 있을까

The Million-Dollar, One-Person Business

제1장에서 만났던, 캐나다 토론토에 거주하며 전자책 기업을 운영하는 32세의 솔 오웰은 글로벌 시민global citizen이다. 파키스탄 출신인 그는 사우디아라비아와 일본에서 자랐고, 정유회사에서 엔지니어 일을 했던 부친을 따라 미국 휴스턴과 텍사스, 캐나다에서 거주했다. 세계 곳곳을 다니며 견문을 넓히고 싶은 그는 현재 1년에 서너 달은 여행을 하며 지낸다.

오웰은 여행하는 삶을 위해 사업체 이그재민닷컴Examine.com 을 신중하게 구상했다. 그는 의도적으로 사업체의 규모를 작게 꾸리고 외부 투자를 받지 않는 구조로 만들어 회사의 중대 사안이나 스케줄 결정은 오로지 본인만 관여하게 만들었다. 자신의 스케줄을 유연하게 관리하기 위해 믿을 만한 계약자를 고용해 회사를 맡기고, 사업 운영의 동기 부여를 위해 회사의 지분을 소량 양도했다.

"돈보다 여행이 중요합니다. 다음 주 음악 페스티벌에 참석하기 위해 나흘간 자리를 비울 예정입니다. 그 다음 주에는 총각 파티 때문에 또 나흘 동안 자리에 없을 겁니다. 그 후 2주간은 스웨덴에서 머물 계획입니다. 벤처 투자가가 회사에 관여한다면 불가능한 일이죠. 500만 달러짜리 집이나 멋진 자동차, 비싼 시계는 제게 의미가 없습니다. 그 사람들을 시기하는 마음도 없죠. 제 삶의 가장 큰 의미는 바로 여행입니다." 수익성 높은 사업 덕분에 오웰은 자신의 열정에 따라 삶을 살 수 있는 경제적 여유가 충분했다. 인터넷과 소셜 미디어로 사귄 수많은 친구들 덕분에 그는 세계 어디를 가도 함께 어울릴 지인도 있다.

그는 베풀 줄도 안다. 마지막으로 그와 대화를 나누었을 때 그는 비영리 단체 커뮤니티 푸드 센터 캐나다Community Food Centres Canada에서 기업인들을 대상으로 한 소시지 쇼다운Sausage Showdown 행사 기금 마련에 한창이었다. 참석자들은 100달러의 참가비를 내고 최고급 셰프가 준비한 소시지 요리를 무제한으로 즐길 수 있다. 오웰은 비영리 단체로 수익금이 전액 전달되도록 행사 준비 과정에서 발생한 간접비용까지 고려해 2,000달러를 기부했다. "제가 2,000달러를 투자해서 자선기금이 1만 달러가 된다면 순식간에 다섯 배의 자선 투자를 한 셈이 되죠." 소시지 쇼다운 행사는 오웰이 주최해 큰 반향을 일으킨 초콜릿 칩 쿠키 오프Chocolate Chip Cookie Off의 후속 이벤트였다. 이 행사에서는 전문 셰프들이 초콜릿 칩 쿠키로 요리 경연을 펼쳤다.

현재 자신의 커리어에서 어떻게 해야 솔 오웰처럼 자유로운 삶을 누릴 수 있을까? 이런 삶을 위해서는 자신이 하고 싶은 비즈니스와 원하는 라이프 스타일이 무엇인지 생각하는 것부터 출발해야 한다.

어느 날 오후, 이 일을 잠깐 동안 생각한다고 고수익의 비즈니스를 시작할 수 있는 건 아니다. 이 책에 소개된 기업인들 대부분은 깊이 고민하고, 사색의 시간을 통해 자신의 내면을 들여다본 후 오랜 시장조사와 실험을 거쳤다. 오웰의 경우 온라인 게임, 도메인 이름 사업, 지역 정보 시스템, 데일리 딜(특정 시간 동안만 제공되는 할인가 상품을 이메일로 소비자들에게 공지하는 비즈니스―옮긴이) 이렇게 네 가지 사업 분야에 도전했고 각기 다른 성공을 맛본 후에 직원 없이 100만 달러 매출을 가능케 하는 비즈니스를 찾았다. 희생이 필요한 과정이었지만 끝내 이것은 커다란 결실을 맺었다. 이 책 마지막에 있는 부록을 참고하면 고매출 1인 기업의 잠재력을 가진 비즈니스 아이템을 찾는 일과 사업 분야를 좁혀가는 과정에 도움이 될 것이다. (이 책에서 1인 사업에 도움 될 만한 도구와 리소스로 언급된 내용은 책 후반 '부록'에 정리되어 있다. 국내에서 활용 가능한 도구는 ▶로 표시했다.―편집자)

💰 나는 이렇게 찾았다

: 식품 영양 코치 메건 텔프너와 Q&A

고수익을 달성하는 1인 비즈니스를 찾는 과정은 쉽지 않다. 약간의 부수입을 목적으로, 혹은 직장에서 받던 월급 수준의 수익을 목표로 한 사업 아이템을 찾는 것과는 다른 일이다. 일반적인 방식으로 사업을 운영할 때 필연적으로 발생하는 높은 간접비용을 낮게 유지하면서 1인 오너의 힘으로 경제적 효과를 높이는 비즈니스를 찾아야 한다.

100만 달러 기업인들은 이전 직업에서 아이디어를 얻거나 소비자로서 느꼈던 시장 내 공백을 떠올리다가, 혹은 신생 비즈니스를 준비하며 새로운 지식을 접하는 과정에서 실마리를 얻는 등 독창적이고 우연한 일을 계기로 비즈니스 아이디어를 찾게 된 경우가 많았다.

제1장에서 만났던 자칭 뉴트리셔니스타nutritionista(신선한 음식과 건강한 식습관을 통해 균형잡힌 라이프 스타일을 추구하는 사람—옮긴이) 메건 텔프너에게 조언을 구했다. 웰니스 웹사이트와 조리 영양 아카데미를 운영하며 기업인들을 대상으로 비즈니스 코칭을 병행하는 그녀는 비즈니스 콘셉트를 찾고자 하는 예비 기업인들이 겪는 고충을 잘 이해하고 있었다.

Q. 예비 기업인들이 본인의 관심사에서 비즈니스 아이디어를 선별하려면 어떻게 해야 할까요?

텔프너: 열정에 기반한 사업을 운영하는 일은 어렵기도 하지만 잠재적으로는 수익성이 높고 보상도 큽니다. 내가 갖고 있는 취미나 좋아하는 일이 전부 비즈니스로 전환될 수 있는 건 아니에요. 내가 무엇을 만들어 판매하고 싶은지 구체적인 아이디어가 있어야 해요. 서두르지 않고 사업의 기반을 탄탄히 다져 기업 그 자체뿐 아니라 나 역시 성장할 수 있는 기업을 만드는 게 중요합니다. 또한 사업을 운영할 때 무엇이 가능하고 가능하지 않은지 파악할 줄 아는 능력도 있어야 합니다. 소셜 미디어에는 이메일 마케팅 전략 등 높은 수익을 보장해준다는 문구로 포장된 광고가 가득하지만 기업을 운영할 때 신뢰와 진실성, 경험을 토대로 하지 않으면 한 번의 성공으로 그치고 말아요. 천천히 그리고 꾸준히 나아간다면 올해 달성한 10만 달러 이상의 매출이 2년 혹은 3년 안에 100만 달러 이상이 될 수 있을 거예요.

Q. 비즈니스 아이디어를 찾는 효과적인 방법은 뭘까요?

텔프너: 내가 다른 사람들보다 민감한 분야가 비즈니스의 일부로 전환되어야 해요. 본인에게는 당연하고 합당하게 느껴지기 때문에 대부분의 사람들은 자신이 예민하게 반응하는 요소가

무엇인지 모르고 넘어가는 경우가 많죠. 타인과 다르게 느끼는 특이점을 찾아 내가 사업을 시작하려는 이유, 바로 '왜'라는 강력한 의문을 결합해야 해요. 그렇게 접근하면 비즈니스 아이디어를 찾는 데 많은 도움이 됩니다. 더불어 이미 시장에 있는 기존 판매자보다 효과적으로 문제를 해결한다거나 부족한 것을 채운다거나 더욱 좋은 상품을 소개하는 등, 당신만의 차별화된 모습을 보여줘야 해요.

Q. 시장조사는 어떤 방식으로 하셨나요?

텔프너: 저는 사적인 방식으로 시장조사를 해요. 보통 장문의 블로그 글을 쓰는 편이죠. 한 주제에 대해 심도 있는 조사를 한 뒤 2,500자의 블로그 포스팅을 하고 여러 소셜 미디어 채널에 공유해 반응을 살핍니다. 반응에 따라 정보를 수용해 웨비나 webinar(웹web과 세미나seminar의 합성어로 주최자와 참석자의 실시간 양방향 프레젠테이션 —옮긴이) 또는 라이브 키노트keynote(애플이 개발한 프레젠테이션 소프트웨어)를 통해 이야기를 나누거나 온라인 프로그램을 개설하기도 해요. 댓글과 소셜 미디어, 이메일로 전해지는 질문을 유심히 보고 제 프로그램 개발의 방향을 정할 때 이런 의견을 많이 활용해요.

Q. 콘텐츠를 기반으로 사업을 운영하는 사람들에게 지식을 상품화하는 과정에 대해 들려주고 싶은 이야기가 있나요?

텔프너: 누구나 자신만의 고유한 능력과 방식이 있어요. 그 차별성을 잘 활용해야 해요. 너무 깊이 생각하지 말아요. 콘텐츠 비즈니스를 운영하는 사람이라면 그 분야의 사람들이 뭘 좋아하고 어떤 이야기에 반응하는지 잘 알고 있어야 합니다. 가장 좋은 방법은 콘텐츠를 전달하는 사람에 그치는 것이 아니라 커뮤니티를 만들어 참여하는 거예요. 커뮤니티와 소통하고 소속된 사람들이 무엇을 원하는지 물어보는 거죠. 사람들이 원하는 것이 내가 진정으로 만들고 싶은 것과 일치한다면 이미 형성된 고객층을 바탕으로 무언가를 시작할 수 있어요. 상품의 가치를 설명하고 시장에 소개하는 것부터 (약속은 적게, 실천은 그 이상으로 하고 진정성 있는 모습으로) 실행에 옮기고 (사소한 것 하나도 놓치지 않아야 해요!) 이후 후속 조치까지 (당신이 만든 상품을 고객이 어떻게 받아들이고 반응하는지가 중요한 부분이니까.) 이 모든 과정이 모여 고객이 얼마나 상품을 공유하고 관련 이야기를 나누는지, 새로운 고객층과 매출을 가져올 것인지 결정하게 되요. 이것이 이후 나올 상품의 성공도 결정하게 됩니다.

10억짜리 아이디어 찾기

메건 텔프너가 언급했듯 100만 달러의 아이디어를 찾는 데 정해진 길은 없지만 고매출 1인 기업을 세운 사람들이 공통적으로 거쳤던 단계가 있다.

현실성 있는 목표를 세워라

주요 비즈니스 매체에서는 세계적 규모로 사업체를 키워낸 페이스북의 마크 저커버그, 테슬라의 일론 머스크, 구글의 세르게이 브린Sergey Brin과 래리 페이지Larry Page 등에게 아낌없는 찬사를 보낸다. 훌륭한 기업가의 이야기는 많은 사람들에게 영감을 주지만 한편으로는 자신감을 잃게 만든다. 페이스북 정도의 거대한 비즈니스 아이디어가 아니라면, 세계 재패만큼 큰 목표가 없다면, 혹은 기업의 시가총액이 10억 달러에 못 미칠 거라면 사업을 시작할 가치가 없다는 느낌을 주기 때문이다.

많은 사람들이 지금보다 높은 수익과 큰 성취감을 줄 사업에 뛰어들지 못하는 이유가 여기에 있다. 마이클 펠프스Michael Phelps만큼 수영을 못 하니 평생 꿈꿔온 철인 3종 경기를 포기한다거나, 잘하지 못할바에야 수영을 하러 가는 대신 소파에 앉아 수영경기 중계나 보는 편이 낫다고 생각하는 것과 비슷한 논리이다. 꿈을 크게 갖는 것은 훌륭한 일이고, 매출 100만 달러를 넘기겠다고 생각한 이상 큰 뜻을 품어야 하겠지만 열정을 좇아 신나게 할 수 있는 일마저 지레 포기하게 만들 정도로 높은 목표를 세워선 안 된다.

서른아홉 살의 마틴 고_{Martin Goh}와 서른일곱 살의 칼린_{Carlene}이 부부의 삶에서 중요한 목표를 깨닫게 된 계기는 2013년 칼린이 서른세 살의 나이로 비소폐포 폐암 4기 진단을 받은 이후였다. 그것은 2008년에 결혼한 그들에게 서둘러 찾아온 비극이었다. 싱가포르에서 살고 있는 부부는 칼린이 치료를 받고 건강이 안정되자 삶을 되돌아보는 시간을 가졌고, 이내 두 사람이 함께 사업을 해야겠다는 생각을 했다.

"우리만의 사업을 시작해보고 싶었습니다. 함께 무언가를 하고 싶기도 했고 자영업을 하며 유연하게 시간을 쓸 수 있다면 아내와 많은 시간을 보낼 수 있을 거라고 생각했습니다."라고 마틴 고는 말했다.

두 사람 모두 평범함 직장 생활만 했던 터라 기업인으로 성공할 수 있을지 마틴 고는 걱정했다. "오랫동안 사업을 시작하지 못했던 가장 큰 이유 중 하나는 기발한 킬러 아이디어_{killer idea}가 있어야 사업을 시작할 수 있다는 생각 때문이었어요. 다른 누구도 생각지 못한 아이디어가 아니라면 의미가 없다고 믿었습니다. 그러다 1년 전쯤 문득 그게 어리석은 생각임을 깨달았습니다. 이 세상에 독점 시장은 몇 개나 될까요? 어떤 시장이든 셀러는 항상 한 명 이상인데요."

고 부부는 믿음을 가졌고 시작해보자고 결심했다. 그리고 2016년 5월 직장에 사직서를 쓰고 더 로컬 펠라_{The Local Fella}를 열었다. 크리스천인 그들은 수많은 기도를 한 뒤 결정을 내렸다고 했다. 고 부부와 마지막으로 대화를 했을 때 그들은 칼린의 암이 어느 정도 안정은 되었지만 완치는 아니기 때문에 항상 자신들의 상황을 주의하고 있다고 했다.

싱가포르에 거주하는 부부가 시작한 사업은 여행객에게 가이드북 한 권 가격 수준으로 고객맞춤형 가이드 서비스를 제공하는 일이다. 방문객이 여행의 목적을 양식에 기입하면 현지 전문가인 고 부부가 여행 계획을 세워 여행객들의 시간을 절약해주고 현지인만이 할 수 있는 경험을 체험하게 도와주었다. 다행히도 고 부부는 부모님과 함께 지낸 덕분에 몇 년 동안 높은 주거비를 아껴 비즈니스 아이디어를 실행할 수 있는 충분한 금액을 모았다. 물론 부모님과 함께 살며 자금을 모으는 것이 모든 기업인에게 가능한 이야기는 아니다. 그러나 집의 수리를 미룬다던지 여분의 방을 임대하는 등의 방법으로 대다수 사람들의 큰 고정지출 가운데 하나인 주거비용을 어느 정도 절감할 수 있다. 내가 아는 기업인 한 명은 사업을 하루빨리 시작하고자 중년의 나이임에도 집을 팔고 월세로 옮겨갔다. 고 부부가 암치료 비용을 부담한 후에도 어떻게 창업 자금이 남아 있었는지 궁금한가. 싱가포르의 건강보험 제도 덕분에 고 부부는 미국의 환자들과 달리 높은 의료비용에서 자유로울 수 있었다.

고 부부는 사업을 시작하는 단계에서 이미 100만 달러의 기업인들처럼 생각했다. 1인 기업을 규모 확장에 실패한 사업체로 보지 않고 자신들이 원하는 삶을 누리게 해주는 새로운 커리어 수단으로 여긴다는 점에서 그랬다. 더욱 중요한 것은 아이디어를 고르는 단계에서 발이 묶이지 않았다는 점이다. 자신들이 가진 아이디어에 확신을 갖고 밀고 나가 그들은 꿈꾸던 삶을 살 수 있게 되었다. 프리랜서 매니지먼트 플랫폼인 칼로Kalo의 창립자이자 CEO인 피터 존슨Peter Johnson은 이렇게 설명했다. "대기업 직장인들 가운데 차일피일 미루는 사람들이 무척 많습니다. 그러다 마흔 살이 되고 여전히 아무것도 시작하지 않죠." 고민만 하면 후회가 남지만 고 부부와 같은 기업가들에게 이런 후회는 찾아볼 수 없었다.

자신의 열정과 고객 가치를 파악하라

모든 기업인들은 자신만의 목표를 세운다. 텍사스주 오스틴에서 살고 있는 부부 벤 안버그Ben Arnberg와 커밀 안버그Camille는 2015년 윌로&에버렛Willow&Everett이란 고급 가정용품 사업을 시작하며 100만 달러 매출이라는 구체적인 목표를 세웠다. 여러 차례 무너질 수도 있는 어려움을 겪었지만 항상 목표를 마음에 새기며 굳건히 나아갔다.

윌로&에버렛을 시작했을 당시 이 부부는 스물다섯 살의 나이로 소매업은 해본 적이 없었다. 벤은 미공군사관학교에서 컴퓨터공학을 전공한 후 노스이스턴 대학에서 컴퓨터 엔지니어링 석사 학위를 취득해 엔지니어와 프로그램 매니저로 경력을 쌓았다. 커밀은 PR 전공으로 석사학위를 취득하고 비영리단체와 지속가능성에 대해 공부한 후 기업에 입사해 지속가능경영 부서에서 경력을 쌓아보려 했다. 하지만 사실 그녀가 원한 것은 조직에 속하지 않는 삶이었다. 그녀는 대학원 졸업 후 웨딩사진 사업을 시작했고 이후 3년간 전업으로 벤처사업을 운영했다.

부부 모두 운동을 좋아했고 외향적인 사람들이었다. 벤은 미공군 낙하부대 소속이었고 커밀은 퍼스널 트레이너 자격증이 있었다. 자신들의 관심사가 비즈니스로 이어지길 바라며 인터넷으로 러닝용 장비인 압박 보호대를 판매하기 시작했다. 판매자인 그들은 상품에 만족했지만 고객은 아니었고 사업은 잘되지 않았다. "제품이 특별하지도 매력적이지도 않았습니다." 벤이 설명했다.

그들은 포기하지 않고 자신들이 판매하고 싶은 상품이 무엇인지 브레인스토밍을 해보았다. 두 가지 중요한 질문을 던졌다. 우리가 열정을 가진 분야는 무엇인가? 사람들에게 어떻게 가치를 제공할 수 있을까? 사람들을 초대하고 접대하는 일을 좋아하는 부부는 손님을 맞이할 때 유용하게 쓰일 상품을 팔면 재밌을 것 같다는 생각을 했다. 두 사람 모두 사람을 초대하고 자신들이 개발한 새로운 칵테일과 맛있는 커피를 대접하는 일을 좋아해서 이런 관심사를 주제로 커뮤니티를 형성하는 일도 어렵지 않을 것 같았다. 이외에도 관심분야는 많았지만 비즈니스 아이디어로 발전되기에는 적합하지 않았다. "개인적인 취미생활도 있어요. 저는 그림 그리기를 좋아하고, 그림이라는 취미를 통해 치유를 받지만 다른 사람들에게 적극적으로 권유하거나 독려하지는 않습니다. 저 혼자만 즐기는 취미로 남겨두고 싶어서요." 커밀이 말했다.

　부부가 시장에서 찾기 어려웠던 상품, 바로 '예쁘고 품질이 훌륭하지만 통장을 거덜 낼 정도로 비싸지 않은 상품'을 그들은 찾아 헤매기 시작했다. 거대 상거래시장인 알리바바Alibaba.com를 뒤져 제품 아이디어를 구한 뒤 중국 현지의 에이전트와 업무를 시작했다. 괜찮은 에이전트를 찾기 위해 프리랜서 시장에서 다섯 명의 후보자에게 일정 기간 비용을 지불하고 시험적으로 일을 해보았다. 그 후 부부에게 가장 좋은 인상을 남긴 에이전트 한 명과 일을 시작했다. 이들은 알리바바에서 다양한 상품을 찾아냈고, 그중 하나는 현재 사이트에서 36.99달러로 판매하는 칵테일용 구리 머그잔 한 세트와 작은 샷 잔이었다.

　그리고 상품을 구하기 위해 인도에 있는 PL제조사(유통업체의 브랜드를 붙여 판매하는 상품을 제조하는 곳. 국내에서는 PB상품이라고 더 많이 알려짐―옮긴이)와 협력관계를 맺었다. "그쪽에서 이미 판매하고 있는 상품에 우리의 브랜드를 입혔어요. 디자인을 손볼 때도 있었고요." 커밀이 말했다. 중간 상인이 없어서 도매가격보다 낮은 가격으로 그들은 상품을 구매할 수 있었다.

얼마의 투자를 감당할 수 있는가

　판매를 하려면 물건을 준비해야 했다. 부부는 친구와 가족에게 얼마씩 융통해 5,000달러를 투자했다. 신혼부부에게 적은 금액은 아니었지만 인생을 바꿀 수도 있는 기회라고 되뇌었다.

두 사람에게 창업비용은 배움을 위한 투자였다. "대학교 학비에 수천 달러를 쓰잖아요. 이렇게 생각했습니다. '5,000달러를 투자해보자. 많은 것을 배울 수 있다. 결국 수포로 돌아가더라도 경험만은 가치를 매길 수 없다'고요."

몇 가지 판매 경로를 알아보던 이들은 거대 전자상거래 업체를 통해 상품을 팔기로 결정했다. 이 경우 다른 전자상거래 유통업자나 자체적으로 운영하는 사이트에서는 상품 판매가 불가능했다. 이들은 대형 플랫폼이라면 자신들에게 필요한 상품 노출을 가능케 해줄 거라고 믿고 그렇게 해봤다. 그리고 그 믿음은 결실을 맺었다. "서로 잘 협력했어요. 그들을 믿었습니다. 업체에서는 우리의 브랜드 스토리가 잘 전달되도록 많은 도움을 주었습니다."

부부의 기업 브랜드 스토리 중 가장 중요한 것은 지역사회에 이바지한다는 기업의 신념이었다. 이들의 물건을 판매하는 온라인 플랫폼에서는 연말을 앞두고 수익의 10퍼센트를 비영리단체에 기부하며 나눔을 실천하는 부부의 모습을 영상으로 제작했고 그 결과 소비자의 호감도가 높아졌다.

안버그 부부는 열여덟 가지 가량의 상품을 판매하며 사업체를 확장시키는 데 성공했지만, 시장에서 팔릴 제품을 찾기까지 몇 차례 시행착오를 거쳐야 했다. "다섯 개의 상품을 출시하면 성공하는 상품 한두 개, 실패하는 상품 한두 개 정도라는 것을 배웠습니다. 이제는 새로운 상품을 선보일 때마다 몇 개는 실패할 수 있다는 걸 염두에 두죠."

잘못된 상품을 고른다고 투자금을 모두 잃는 건 아니었다. 부부는 반응이 없는 제품은 할인가에 판매했다.

히트 상품의 재고 준비에 필요한 비용은 커밀이 사진 사업으로 벌어들인 수익에서 조달하거나, 제품을 팔고 있는 대형 온라인 소매기업에서 지원하는 금융대출 프로그램을 신청하기도 했다. 발생한 매출에서 약 12퍼센트의 이자를 포함해 상환하는 방식이었다. 1년 동안의 거래기록을 바탕으로 부부는 대출 신청 자격을 얻었다. 금융대출 프로그램을 통해 이들은 1년 동안 매출을 세 배로 끌어올릴 수 있었다. "새로운 제품들을 추가하려면 몇십만 달러의 대출을 받아야 했어요. 비교적 짧은 기간 안에 여섯 가지 제품을 추가로 선보일 수 있었습니다." 커밀이 말했다. 자금 조달이 가능해지자 수요가 치솟아도 차질 없이 물량을 공급할 수 있었다. "초기엔 자금의 한계로 상품을 사올 수 없어 '재고 없음'이라고 해야 했지요." 지난날을 떠올리며 커밀이 덧붙였다.

매출 신장이라는 목표에 집중하기 위해 안버그 부부는 모든 걸 직접 처리하겠다는 생각을 버렸다. 제품 촬영과 고객 서비스는 외부업체에 맡기는 등 아웃소싱을 활용했다. "직접 세세하게 관여하지 않고 총괄 지휘하듯 운영하고 있습니다."

이러한 방식으로 시간을 절약할 수 있었던 업무는 바로 재고관리 및 주문처리 과정이었다. 첫 주문이었던 500개의 구리 머그잔을 집으로 배송 받아 좁은 아파트가 엉망이 되었던 경험을 한 뒤 그들은 다른 방법을 찾아야겠다고 생각했다. 현재는 거대 소매 플랫폼에서 제공하는 서비스를 이용해 모든 주문처리 과정을 일임한다. 비용은 들었지만 벤은 이렇게 말했다. "저희 손을 거칠 일이 하나도 없습니다. 업체에서 주문, 포장 등 모든 걸 처리하거든요. 덕분에 기업을 작고 가볍게 유지할 수 있었어요. 온라인 사업을 운영할 때 반드시 동반되는 업무를 저희는 상당 부분 덜어냈지요."

다양한 노력을 기울인 끝에 부부는 2016년 4월, 사업을 시작한 지 꼭 1년 하고 나흘이 되었을 때 100만 달러의 매출을 달성했고 이후 성장을 계속해 매출 500만 달러를 돌파했다. 2016년 12월의 연휴를 앞둔 추수감사절 기간에 파트타임으로 고용한 국내 프리랜서 마케팅 매니저는 원격 근무로 부부의 일을 도왔다. 웹사이트가 순항하는 가운데 부부는 더 많이 스포츠와 피트니스를 즐기고, 가족 및 친구들과 시간을 보내며, 자주 여행하는 삶을 실천할 수 있기를 바라고 있다.

진정으로 원하는 것을 찾아라

일을 통해 진정으로 얻고 싶은 것이 무엇인지, 그리고 그것이 고매출 1인 기업을 운영하면서도 가능한 목표인지 어떻게 알 수 있을까? 100만 달러의 1인 기업인들은 자신의 삶에 어떤 가치를 더하고 싶은지 자문한다. 시간적 혹은 경제적 여유? 아니면 둘 다인가? 아무 장소에서나 내가 원하는 때 일을 할 수 있는 수입원이 필요한가? 건강한 라이프 스타일을 누리고 싶은가? 창의적인 결과물을 탄생시키고 싶은가? 공통의 열정을 지닌 사람들과 친밀한 관계를 원하는가? 더 나은 세상을 만들길 바라는가? 어린 자녀를 돌보면서도 할 수 있는 일을 찾는가? 건강상의 문제나 신체 장애에도 할 수 있는 일이 필요한가?

이런 질문들이 비현실적으로 느껴져도 놀랄 일은 아니다. 성실한 회사원을 원하는 세상은 인생을 전체론적으로 바라보고 생각하는 것을 권장하지 않는다. 대다수의 기업은 사람들이 똑같은 옷을 갖춰 입고 예측 가능한 방식으로 행동해야 하는 시스템 위에 세워져 있다. 그래야만 오너들이 사업체를 효율적으로 키우고 수익을 극대화할 수 있기 때문이다. 출퇴근 기록을 입력해야 하는 조직 시스템 안에서 직원들은 가정과 일을 분리하는 삶을 강요받는다. 남과 다르게 효율적인 방식으로 업무를 처리하는 사람은 조직에 어울릴 수 없다. 직장 생활의 한계에 부딪힐 때면 자신이 원하는 업무 방식과 꿈꾸는 삶이 허황된 것이라고 느끼게 된다. 실상은, 본인과 주주들의 수익을 극대화하는 데만 관심이 있는 기업의 오너들이 만든 속임수일 뿐이다.

그러나 최근 의학계가 '일반적인' 환자를 위한 치료법에서 벗어나 유전자 구성을 포함한 개별화된 접근법을 지지하는 방식으로 변해가듯, 노동의 세계 역시 변하고 있다. 대기업들은 혁신적인 스타트업을 상대하며 경쟁력을 유지하기 위해 기계적인 업무 방식에서 벗어나고 있다. 유연하고 개인화된 업무 방식을 수용해야 더욱 성공적인 비즈니스를 이끌 수 있다는 사실을 그들도 깨달은 것이다. 어떤 기업에서는 팀의 창의력을 높이기 위해 모든 부서를 코워킹 스페이스로 바꾸기도 했다. 이러한 변화로 인해 많은 사람들이 직장을 다니는 일에 더 호의적이 되었지만 모든 사람이 그렇게 느끼는 건 아니었다. 자신에게 꼭 맞는 고도의 개인화된 방식으로 일하고 싶다면, 노동의 대가를 온전히 받고 싶다면 사업을 시작해 더욱 자유롭게 원하는 바를 이루면 된다. 자신이 운영하고 싶은 비즈니스가 세상에 선보인 적이 없다고 해서 혹은 자신이 원하는 방식으로 일을 하는 사람이 아직 없다고 해서 그 모든 것을 다르게 할 수 있는 첫 번째 사람이 당신이 되지 말란 법은 없다.

가능성을 고려하라

누구나 전문적인 분야가 하나 있다. 내게는 미국 통계청에서 발표한 1인 기업의 연간 통계 자료가 바로 그것이다. 나는 매년 5월이면 통계청의 웹사이트에 들어가 데이터를 확인하고 10만 달러 이상 혹은 100만 달러 이상의 달성하는 1인 기업의 추이를 살펴본다. 이 수치는 미래의 업무가 어떻게 변할 것인지 알려주는 흥미로운 지표 가운데 하나이다.

그러나 통계청 데이터로는 어떤 일을 하는 기업인지 정확히 알 수 없다. 다분히 의도적이다. 오너의 사생활을 보호하기 위해 정부기관에서는 자세한 사항을 공개하지 않는다. 소매업 등 기업이 속한 산업분류만 확인할 수 있고, 조금 더 들어가면 몇 가지 추가 정보만 알아낼 수 있을 뿐이다. 가령, 전자상거래 소매업체의 대략적인 규모 정도가 통계에서 가장 많이 얻을 수 있는 정보이다.

더욱 자세한 상황을 알아보기 위해 내 기사를 읽는 독자 가운데 100만 달러의 매출을 달성하는 1인 기업인이 있다면 연락해주길 원한다고 요청한 적이 있었다. 현재는 몇 주마다 해당 기업인 혹은 그런 기업인을 아는 사람들에게 연락을 받고 있다.

이 사람들과 인터뷰를 하며 100만 달러의 1인 기업을 달성하기에 가장 적합한 여섯 가지 업종을 추릴 수 있었다. 이후 소개될 내용처럼 그 업종은 전자상거래 산업, 제조업, 정보 콘텐츠 창조 산업, 전문 서비스 산업, 퍼스널 서비스 기업, 부동산 산업이었다. 내가 미처 발견하지 못한 업종이 있을 수도 있고, 이 책을 읽는 누군가 100만 달러의 1인 기업의 자격을 충족하는 새로운 업종을 창출할 수도 있지만 우선은 이 여섯 가지의 사업 분야를 살펴보며 당신이 뛰어들 비즈니스를 고려해보는 것이 좋겠다.

전자상거래 산업

단 하루 만에 쇼핑몰을 열어주는 저비용의 과학기술 덕분에 전자상거래 상점은 고매출의 1인 기업을 만드는 데 가장 접근이 쉬운 업종 중 하나이다. 물론 굉장히 저렴한 가격으로 상품을 판매하는 대형 온라인 상점들이 경쟁자로 버티고 있지만, 수많은 초경량 온라인 사업체가 —대다수는 자택에서 경영하는— 현재 성공적으로 운영되고 있다. 매출이 25만 달러 이상인 온라인 상점의 오너와 매니저만 활동할 수 있는 회원제 커뮤니티 이커머스퓨얼eCommerceFuel만 봐도 알 수 있다. 실제로 지난 5년간 이곳의 회원들 중 평균 연매출 75만 달러에 이르는 회원이 1,000명으로 급격히 늘었다.

"전자상거래 분야에서 성공하려면 고도로 전문화된 특정 상품의 큐레이터로서 평판을 쌓아나가고 특별한 제품으로 마니아 고객층을 사로잡아 커뮤니티를 형성해야 합니다." 워싱턴주 옐름에 위치한 웹사이트 프로퍼티스Website Properties의 창립자이자 회장인 인터넷 비즈니스 브로커 데이비드 펠리David Fairley의 말이다. "누구도 만들지 않은 나만의 브랜드를 만들어야 치열한 가격 경쟁에서 살아남아 수익을 높일 수 있습니다."

사업 구상에 많은 시간을 투자할 각오로 정말 자신이 관심 있는 게 무엇인지 찾아야 한다. 그것은 특이한 모양의 스키 모자가 될 수도 있고, 특정 용도의 전자 장비가 될 수도 있다. "특화된 상품만 있다면 성공은 한결 쉬워집니다. 니치niche의 특성이 더해질수록 좋습니다." 그는 실전 경험이 많았다. 다수의 온라인 상점을 운영하고 매각한 경험이 있는 펠리는 자신이 운영하던 해먹스닷컴Hammocks.com을 거대 인터넷 소매업체인 헤이니들Hayneedle에 매각했다.

💰 니치 시장은 생각보다 다양하다

데이비드 펠리에게 의뢰해 성공적으로 운영하던 온라인 상점을 매각한 고객들의 사업 분야는 아래와 같다.

- 종이접기 재료 (매매가: 200만 달러 미만)
- 검볼 (사탕 모양의 풍선껌―옮긴이) (매매가: 100만 달러 이상 1,000만 달러 미만)
- 수면 안대 (매매가: 100만 달러 이상 1,000만 달러 미만)
- 머크 부츠 (야외활동 및 작업용 방한, 방수 기능부츠―옮긴이) (매매가: 10만 달러 이상 100만 달러 미만)
- 정원을 장식하는 요정 조각상 (매매가: 10만 달러 이상 100만 달러 미만)
- 우편함 장식용 깃발 (매매가: 40만 달러 이상 70만 달러 미만)
- 후추 스프레이 (매매가: 10만 달러 이상 100만 달러 미만)
- 벽난로 가리개 (매매가: 10만 달러 이상 100만 달러 미만)

"누가 머크 부츠를 수십만 달러의 매출이 될 사업이라고 생각했겠습니까?" 다시 말해 기이하거나 특이한 상품을 찾을 필요가 없다는 뜻이다. "이런 비즈니스 아이디어는 일상생활 속에서 찾을 수 있습니다. 그렇게 비즈니스가 탄생하는 겁니다." 특정 제품군 내에 흥미로운 상품이 적다는 것을 깨닫고 나서 온라인 기업가가 되는 경우도 있었다.

서른 살의 보리스 베이스먼Boris Baisman과 스물네 살의 동생 앨버트 Albert가 사업을 시작하게 된 계기도 이와 비슷했다. 토론토에서 인터넷 소매점 삭시닷컴Soxy.com을 운영하는 형제는 정장만 착용하는 남성들에게 개성을 표출할 패션 아이템을 판매하며 100만 달러 매출을 달성했고 사업 첫해부터 수익을 냈다. 신청 고객에게는 매달 정기우편으로 독특한 무늬의 고급 양말 세트를 발송하고 일반 고객에게는 한 켤레씩 판매한다. "남성들이 자신을 꾸미는 일은 어렵죠. 패션 아이템으로 특이하고 대담한 디자인의 양말만 한 게 없어요." 보리스의 설명이었다.

처음에는 남성 의류를 전문으로 하는 온라인 소매점으로 시작했다. 남성들이 큰돈을 들이지 않고도 멋지게 보일 수 있도록 하고 싶다는 것이 베이스먼 형제의 사업 비전이었다. 2년 동안 온라인몰을 운영하던 그들은 판매 데이터를 살피다가 한 가지를 깨달았다.

"특이한 무늬의 양말에 판매가 집중되어 있는 걸 알게 되었어요. 이유를 몰랐죠. 실제로 수십 명의 고객과 대화를 나눈 뒤에야 남성들은 직장에서 멋을 내거나 개성을 표현하는 데 굉장히 제약이 많다는 것을 깨달았습니다. 항상 정장을 입어야 하니까요. 양말이 남성들에게는 하나의 합의점인 거죠. 고객들은 날마다 다른 무늬의 양말을 신습니다. 자신을 표현하는 재밌는 장치로요. 그때부터 사업을 변경해 양말에만 주력했습니다. 남성들에게 최고의 양말을 선사하는 데 집중했어요."

기존의 제품을 시장에 더욱 적합한 제품으로 탈바꿈하기 위해서 두 사람은 사고방식부터 선입관까지 새롭게 바꿔 접근했다. 보리스는 이렇게 말했다. "많은 사람들이 비즈니스 아이디어를 떠올립니다. 그리고는 감상적으로 심취하죠. 아이디어라는 그림을 그려나가며 아무런 의심 없이 성공할 거라고 믿는 겁니다."

그러나 고객들의 의견을 들은 후, 형제는 처음 그린 그림이 고객의 욕구를 반영하지 못했다는 사실을 인정해야 했다. 자신들의 눈에 멋져 보이는 상품을 게시하는 동안 고객의 코멘트와 매출액은 다른 이야기를 하고 있었다. "고객이 원했던 것은 특이하고 대담한 디자인의 양말이었어요. 우리가 팔고 싶은 상품이 아닌, 고객이 원하는 상품에 집중하자는 결론에 이르렀습니다." 형제는 이성적으로 생각하고 결정을 내렸다.

시장에 반응하기 위해 이들은 새로운 그림을 그리기 시작했다. 쉬운 일은 아니었지만 수익성 높은 사업체를 유지하기 위해, 지속가능한 기업을 만들기 위해서 반드시 필요한 과정이라고 생각했다.

고객의 목소리를 듣자 반응이 왔다. 아웃소싱과 계약직 근로자들의 힘을 빌어 회사의 규모를 확장했고, 이후 직원 다섯 명을 고용하자 두 형제가 주문을 맞추기 위해 밤늦게까지 일하지 않아도 되었다. 직원을 들이자 사업을 처음 시작했을 때 그렸던 삶의 모습대로 살 여유도 얻고 매출 규모도 계속 키울 수 있었다. 간접비용을 줄여야 했던 초기에는 정규직 직원을 고용할 엄두조차 나지 않았다. 하지만 인건비에 투자하지 않고서 두 사람의 자유 시간을 확보하기는 어려웠다. 전자상거래는 치열한 경쟁 속에서 분초를 다투는 업계이다 보니 지속적인 스트레스 없이 폭발적으로 증가한 주문량을 제때 처리하기 위해선 정규직 직원이 필요했다. 사업 초반에 두 형제가 모든 일을 직접 처리하며 비용을 절약한 덕분에 그 즈음엔 직원을 고용할 수 있는 경제적 여유가 있었다.

개인이 세운 목표에 따라 이들과 같은 기로에 서게 될 기업인도 있고 이와 달리 추가 인력이 필요치 않은 경우도 있다. 중요한 것은 사업이란 하나의 고정된 상태가 될 수 없다는 것을 깨닫고, 기업 운영과 더불어 자신이 원하는 삶을 위해 현명한 선택을 해야 한다는 사실이다.

"저희에게는 이곳저곳을 여행하고 탐험할 여유를 허락해줄 기업을 만드는 게 가장 중요했습니다."

실험하라

가슴 뛰는 비즈니스 아이디어를 찾았다면 막대한 돈을 쏟아붓기 전에 작은 규모로 테스트해보는 것이 현명하다. "혼자서 웹사이트를 만들거나 누군가에게 의뢰하는 일에 큰 비용은 들지 않습니다." 데이비드 펠리가 덧붙였다. "저렴한 금액으로 본인이 가진 아이디어를 실험할 수 있는 세상이 되었습니다." 온라인 상점 제작 플랫폼인 워드프레스나 쇼피파이를 활용해 기본적인 전자상거래의 기능을 갖춘 온라인 상점을 만들 수 있다고 그는 조언했다. "반응이 있다면 거기서부터 사업 규모를 확장하고 성장시키면 됩니다."

아이디어를 테스트하는데 어쩌면 웹사이트까지 필요치 않을 수도 있다. "많은 기업인들이 웹사이트를 만들거나 그루폰Groupon 같은 소셜 커머스 사이트에서 상품을 판매하기 전에 아마존 마켓플레이스Amazon Marketplace에서 시험적으로 판매를 시작합니다. 드롭시핑drop shipping(상품 주문이 들어오면 제조업체나 중개업체 등 제3자가 고객에게 직접 발송하는 물류대행 서비스―옮긴이)을 해주는 도매업체가 많아서 이제 오너는 미리 상품을 구매해 재고를 관리할 필요가 없어졌습니다." 펠리는 도매가로 공급되는 제품을 찾거나 드롭시핑을 제공하는 업체를 알아보는 것부터 시작하는 것이 안전하다고 조언한다.

타깃 고객층을 결정했다면 클릭당 지불pay-per-click 광고에 투자해 판매 사이트로 고객을 불러 모아야 한다. "시작하는 사람들에게 구글과 페이스북은 적합한 플랫폼입니다." 클릭당 지불 광고를 통해 고객의 반응을 빨리 파악할 수 있다. 만약 구매자가 없다면 새로운 프로젝트를 시작하면 그만이다.

학습곡선을 단축시켜라

새로운 비즈니스 시작에는 배움의 시간이 필요하다. 100만 달러의 매출을 달성한 기업인 대다수는 지름길을 택했다. 업무 경력이 있는 분야이든, 취미 혹은 개인의 관심사로 잘 아는 분야이든, 이들은 자신이 잘 아는 분야에서 비즈니스를 시작했다. 덕분에 초짜들이 저지르는 실수는 피하고 매출을 빠르게 성장시킬 수 있었다. 앞에 놓인 몇 가지 옵션을 두고 고민하고 있다면 이미 자신이 잘 아는 분야를 선택하는 게 좋다.

전자상거래 분야는 특히나 시장과 상품에 대한 업계 내부인의 지식이 굉장한 경쟁력으로 작용하니 위의 사항을 유념하는 것이 좋다. 스물아홉 살의 앨런 월턴Allen Walton은 방범 카메라 가게에서 일했던 경험을 살려 스파이가이SpyGuy라는 온라인 상점을 열었고, 첫해에 매출 100만 달러를 달성했다. 직장인으로서의 삶이 실망스럽고 자신이 일한 만큼 월급을 받지 못한다는 생각이 들자 그는 사업을 해야겠다고 마음먹었다. 3년 전 모아둔 1,000달러의 돈을 밑천으로 그는 감시 카메라 사업을 시작했다. 얼마 지나지 않아 그는 수많은 기업인들이 간절히 원하는 무언가를 자신이 갖췄다는 사실을 알게 되었다. 바로 일방적인 경쟁우위였다. 매장의 고객들에게 카메라 및 기기들을 팔았던 경험과 다른 기업인을 도와 온라인 상점을 운영했던 경험이 있어 그는 정확한 상품을 고르는 안목이 탁월했다. "고객이 어떤 상품을 원하는지, 무슨 용도로 사용할지 잘 파악하고 있었습니다." 그가 말했다. 온라인 사업을 시작한 첫해 재고 구매에 1만 달러를 쏟아부어 그는 고객이 찾을 제품 100여 종을 확보했다.

구글 애드워즈Google Adwords(구글에서 제작한 광고 마케팅 프로그램 ─ 옮긴이) 덕분에 월턴은 단기간에 고객을 확보할 수 있었다. 군부대부터 자폐증 자녀의 학대를 우려하는 부모님들까지 다양한 고객들이 사이트에 들어왔고 사업은 번창했다. 사업 시작 후 1년이 조금 지나자 수요가 너무 많아 고객 서비스를 담당하는 직원을 채용했고 이후 직원 두 명을 더 두었다. 지난해 연매출 190만 달러를 달성한 그는 앞으로도 사업을 확장해나갈 계획이다.

B2B 시장을 노려라

상품을 꼭 소비자에게만 팔아야 하는 건 아니다. 기업 고객B2B 역시 매력적인 시장이다. 그래서 굉장히 다른 비즈니스 모델로 접근해볼 만하다. 서른아홉 살의 해리 아인Harry Ein 은 캘리포니아주 월넛 크리그에 위치한 본인의 차고에서 퍼펙션 프로모PerFection Promo라는 사업체를 운영하며 연간 350만 달러에서 400만 달러의 매출을 올린다. 그는 전자상거래 사업에 기념품이라는 기업 홍보 전략을 접목시켜 고객사의 이름을 실크스크린 기법으로 인쇄한 티셔츠를 판매한다. 고객 중에는 프로 스포츠 협회도 포함되어 있다. 최근 한 주에는 경기 날 제공될 증정품으로 티셔츠를 무려 1만 8,000장이나 판매했다. 라스베이거스에 있는 한 호텔의 기프트숍이나 50개의 체인점을 거느린 커피 전문점을 포함에 일반 상점에는 소매 상품을 납품하고, 직원 단체복으로 회사 로고 후드티가 필요한 기업 여러 곳과도 거래한다.

아인이 성공을 거둘 수 있었던 데는 주문처리 과정을 포함해 다양한 업무를 매사추세츠주 웨일랜드에 위치한 아이프로모트유iPROMOTEu라는 외주업체에 맡긴 게 유효했다. 이 업체는 협력사의 결제 업무와 보증금 납부, 판매대금 회수를 책임지고, 아인은 오로지 상품 판매와 회사의 성장에만 집중한다. 한 주에 수백 건의 주문을 처리해야 할 정도로 회사가 커지자 그는 아이프로모트유 소속 세일즈 어시스턴트의 도움을 받기로 했다. 세일즈 직원의 월급 역시 아이프로모트유에 맡긴다. "신경 쓸 일이 전혀 없습니다. 인건비 지급을 처리할 필요가 없었거든요."

외부업체에 대부분의 업무를 위탁하지만 그가 주말에 일을 해야 할 경우도 있다. 사흘 후에 열릴 컨퍼런스 증정품으로 주문한 티셔츠 3,000장을 고객이 수령하지 못하는 사고가 벌어졌을 때도 마찬가지였다. "월요일부터 금요일까지, 오전 9시에서 오후 5시까지만 근무하고 이후에는 전화나 이메일을 완전히 내팽개칠 수 있는 건 아닙니다." 그러나 사업체를 운영하며 얻는 자유를 생각하면 정해진 근무시간 없이 일하는 것에 크게 불만은 없다. 시간 여유가 많아 티볼(야구를 변형시킨 구기 종목―옮긴이) 코치로도 활동하고, 아들과 수영을 하거나 함께 공원에도 자주 간다. "집에서 아들과 함께 시간을 보내며 고객 서비스 업무까지 처리할 수 있어 좋습니다. 출퇴근하느라 한 시간 반을 허비하는 일도 없죠. 이런 시간을 아껴 고객에게 최상의 서비스를 제공하고, 아들과 함께 다양한 활동을 할 수 있습니다. 아무것도 놓치지 않는 거죠. 사업도 성공적으로 운영할 수 있고요."

얼마 전 아들의 학교 행사에 참석하기 위해 한낮에 트레이닝 상의를 입고 나가자, 마치 오랫동안 백수 생활을 한 듯한 그 행색에 학부모한 명이 장난스럽게 농담을 던졌다. "해리, 요즘 힘들지?" 아인은 크게 웃었다. 바로 자신이 원하는 삶이었다.

"정말 좋아하는 일을 해야 합니다. 저는 아침에 일어나 제가 너무 좋아하는 일을 합니다. 바쁘지만 원해서 하는 일입니다. 신나는 일, 재밌는 프로젝트 전부 좋아하는 겁니다."

1인 프랜차이즈 옵션

1인 프랜차이즈 기업이 100만 달러의 매출을 뛰어 넘었다는 소식에 놀라지 않을 사람이 없다. 보통 프랜차이즈라고 하면 직원을 갖춘 규모 있는 기업을 떠올린다. 그러나 화물운송업계 베테랑인 42세 크리스토퍼 캐디건Christopher Cadigan이 운영하는 뉴욕주 오이스터 베이의 유니시퍼스 오브 나소 카운티 사우스Unishippers of Nassau County South 기업이 그 예이다. 이 기업은 오너의 과감한 선택으로 1인 사업체로 100만 달러 매출의 장벽을 깰 수 있었다. 그는 고객 서비스와 결제, 대금 환수 업무를 플로리다주의 멜버른에 위치한 온라인 경영관리virtual management 기업에 일임하고 본인은 운송 업무에만 신경 쓴다. "직원들이 제 눈앞에서 일하는 것처럼 전화나 이메일 업무가 빠르고 정확하게 처리됩니다." 캐디건이 내게 한 말이다. 온라인 경영관리 기업인 라이트 그로스 매니지먼트Right Growth Management의 업무 처리에 큰 감동을 받은 그는 기업과 파트너십을 맺어 여러 지역에서 운영되는 운송체인점의 경영에 참여하고 있다. 한편, 유니시퍼스 오브 나소 카운티 사우스의 성장으로 직원 채용이 불가피해지자 그는 현재 영업직원 다섯 명을 고용한 상태이다.

제조업

새로운 첨단 기술 덕분에 개인이 상품을 제조해서 전 세계에 판매하는 일이 나날이 쉬워지고 있다. 이러한 트렌드의 한 축으로 3D 프린팅이 있지만 이외에도 방법은 많다. 초경량 기업의 경우 제조 업무 일체를 외부 공장과 계약해 제품을 대량생산하는 방식이 일반적이다. 메이커스 로Maker's Row를 포함해 1인 사업체와 공장을 연결해주고 기업인의 아이디어를 제품화하는 데 필요한 자원을 지원해주는 사이트가 늘어나 더 이상 원자재, 상품제작자, 생산업자가 비행기를 타고 직접 움직일 필요가 없어졌다. 노트북에서 무료 화상회의 프로그램을 실행시키기만 하면 수천 마일 떨어진 거리에서도 제품의 시험모델을 확인할 수 있다. 제조업에 불어온 새로운 트렌드의 바람은 무한한 기회를 창출하고 있다. 미국 통계국 자료에 의하면 2015년 제조업에 종사하는 1인 기업체의 수가 35만 5,467개로, 언론에서 매일 미국 제조업의 하향세를 보도하는 것과 달리 2014년의 35만 346개에 비해 상승한 수치였다. 이 가운데 2015년 매출이 10만 달러 이상 25만 달러 미만인 업체가 2만 9,982곳, 25만 달러 이상 50만 달러 미만인 업체가

9,840곳, 50만 달러 이상 100만 달러 미만인 업체는 4,530곳이었고 100만 달러 이상의 매출을 달성한 기업은 91곳이었다.

"이제는 중소기업도 시장에서 경쟁할 수 있는 시대이고, 이 기업들은 유연하게 사업 규모를 축소하거나 확장하는 장점이 있습니다. 대기업의 장점인 원가경쟁력이 이제는 힘을 잃고 있습니다." 인튜이트의 알렉스 후드 설명이다.

내가 만났던 100만 달러의 1인 제조업자들 대부분이 전자상거래 상점을 통해 DTC_{direct-to-consumer}(소비자에게 직접 판매하는 — 옮긴이)방식으로 상품을 판매하고 있었다. 다음 장에서 자세히 살펴보게 될 기업인 스콧 팔라디니_{Scott Paladini}의 경우, 작은 상자에 압축 가능한 매트리스를 제조해줄 공장 한 곳과 계약해 생산을 맡기고, 저비용으로 직접 만든 온라인몰에서 고객에게 매트리스를 판매한다.

평범한 제품을 니치 상품으로 만들기

38세의 리베카 크론스와 그녀의 남편 54세의 루이스 세발료스는 자신들이 꿀을 판매하게 될 줄 꿈에도 몰랐다. 오벌린 대학_{Oberlin College}에서 예술사를 전공한 크론스는 미술관에서 운영팀장으로 근무하고, 세발료스는 샌프란시스코 베이 에어리어에 있는 레스토랑에서 부주방장으로 일하고 있었지만 시간을 자유롭게 쓰고 싶다는 생각이 들어 새로운 커리어를 생각하기 시작했다.

크론스의 부친인 마이클 크론스_{Michael Krones}는 하와이의 빅 아일랜드에서 하와이안 퀸 컴퍼니Hawaiian Queen Co.란 이름의 농장을 운영하고 있었다. 이 농장은 미국과 캐나다의 농업 분야 소속으로 수출용 여왕벌을 관리하는 곳이었다. 크론스는 아버지의 농장 일을 어깨 너머로 보고 들어 양봉업계의 지식을 많이 알고 있었다. "아버지가 여왕벌을 키우시다 보니 꿀은 자연스럽게 따라오는 부가적 생산품이었어요." 어느 날 그는 아버지의 농장에서 200리터 드럼통으로 꿀을 팔고 있지만 수익성이 별로라는 사실에 의구심을 품었다.

부부는 하와이안 퀸 농장을 바탕으로 소매 브랜드를 설립해야겠다고 생각했다. 2005년 그들은 로얄 하와이안 허니Royal Hawaiian Honey 브랜드의 마케팅을 시작했고, 일반인 고객을 대상으로 한 온라인 소매 사이트를 운영하는 것 외에도 빅 아일랜드 지역의 소매상인들에게 직접 판매도 시작했다.

사업을 시작한 후 부부는 무엇이 시장의 반응을 이끌어낼 수 있을지 깨달았다. 그래서 가공하지 않은 천연 유기농 인증 꿀이라는 상품성을 부각시켰다. "미국 내에서 벌이 꿀을 만드는 방식 그대로의 천연 꿀을 찾는 소비자가 늘고 있었습니다. 우리의 니치 시장이었던 거죠."

부부는 자신들이 만든 트로피컬 트레이더스Tropical Traders에서 프리미엄 가격에 꿀을 판매했다. 그럼에도 수요는 높았다. 중국 꿀에서 발견되는 유해 성분이 없는 제품을 찾는 소비자가 늘었기 때문이었다.

유기농 꿀에 대한 수요가 늘자 하와이에 있는 농장에서 생산되는 물량만으로는 충당할 수 없었다. 크론스의 부친은 브라질에 있는 양봉업자 한 명을 이들에게 소개해주었다. 이들은 비 웰Bee Well이란 두 번째 브랜드를 만들어 브라질에서 생산한 꿀을 판매하기 시작했다. 상품이 확보되자 시장의 더 많은 수요를 감당할 수 있었다. "브라질의 생산량이 훨씬 많았어요. 덕분에 시장에서 제대로 자리매김할 수 있었죠."

2인 기업이 매출 100만 달러 이상으로 성장하는 데에는 아웃소싱의 힘이 컸다. 사업을 운영하며 때론 예기치도 못한 날씨의 영향으로 기복을 겪기도 했다. 만약 농업과 관련된 사업을 구상 중이라면 날씨는 반드시 유념해야 할 요소이다. 부부는 2015년에 매출 170만 달러를 기록했다. 지난해에는 브라질에 심한 가뭄이 들어 꿀을 구할 수 없어 매출이 100만 달러 미만으로 떨어졌다. 그러나 곧 제 속도를 찾은 이들은 2017년 100만 달러 이상의 매출을 기록할 것으로 기대했다. "매출 상황을 보면 아시겠지만 꿈을 좇는 길이 항상 탄탄대로일 수 없어요. 하지만 우리는 어떤 상황이 와도 온전히 사업에 전념할 생각입니다."

예상치 못한 역경을 이겨낼 수 있었던 데는 운영비용을 최소한으로 유지했던 부부의 숨은 노력도 있었다. 포장시설을 직접 관리하는 대신 엄격한 식품안전 인증 규격에 따라 꿀을 포장하는 전문 업체와 계약을 맺었다. 사업체를 성장시키는 데 도움을 받으려고 지역의 소상공인지원센터Small Business Development Center 자문위원과 자주 교류를 나누었던 크론스는 발주량에 따라 다르긴 하지만 외부 포장에 드는 비용은 보통 매출원가의 약 16퍼센트 정도라고 전했다. 적지 않은 비용이지만 그 가치를 충분히 한다고 그녀는 덧붙였다.

"직원을 채용해 포장 처리 시설을 따로 만들면 간접비용이 크게 증가해요. 위험부담은 적게, 기업의 규모는 유연하게 운영할 수 있는 방법을 모색했죠."

포장 전문 업체와 협력하며 얻은 게 또 하나 있다. 두 아들을 키우는 부부는 한창 자라나는 아이들과 함께 시간을 보낼 수 있게 되었다. "저희의 목표는 가능한 많은 시간을 아이들과 보내는 거예요. 아웃소싱을 하며 재택근무가 가능해졌고 가족들과도 많은 시간을 함께할 수 있게 되었어요." 인터뷰 당시 크론스는 임신 40주에 들어서 있었다.

정보 콘텐츠 산업

자신의 관심 분야에 독창적인 전문 지식을 갖추고 있다면, 그 지식 상품에 기꺼이 돈을 지불할 소비자를 쉽게 찾을 수 있다. 그것은 웹캐스트, 비디오, 책, 전자책, 세미나, 팟캐스트 등 온라인으로 판매할 수 있는 형태로 상품화해 정보를 팔아 수익을 버는 인포 마케터info-marketer 물결에 합류하는 것이다. DIY와 피트니스 플랜, 독창적인 요리법 등 다양한 정보를 판매하는 인포 마케터들이 늘고 있다.

이 산업 분야에서 활동하는 기업인은 보통 본인이 원하는 정보를 찾을 수 없는 경험을 한 뒤 사업을 시작한다. 6년 전 솔 오웰이 이그재민닷컴을 시작하게 된 계기는 다이어트 때문이었다. 그는 살을 빼는 데 도움이 될 건강영양 보조제를 찾고 있었다. "온갖 정보들이 인터넷에 돌아다녔지만 정리해서 모아둔 사이트가 없었어요." 그는 충족되지 않은 사람들의 수요를 노린다면 성공할 수 있을 거란 직감이 들었다.

영양학을 잘 모르는 오웰은 지질학lipidology, 심혈관계질환, 공중보건 등의 분야에 박사와 프리랜서 컨설턴트를 영입해 보조제에 대한 연구 내용을 검토했다. 그는 전 분야에서 최고의 실력을 지닌 프리랜서만 고용했다. "실력 있는 사람들과 일하면 100배쯤 쉬워지죠. 저와 함께 일하는 그래픽 디자이너의 시급은 150달러예요. 주변에 소개할 정도로 훌륭한 인재입니다."

창업을 시작하는 사람들에게는 부담스러운 비용일 수 있지만 오웰이 경험해보니 시간 절약, 정확도, 결과물의 품질 면에서 그 이상의 성과가 있었다. 자금난 때문에 최저 시급의 인력과 일했던 기업인들이 공통적으로 경험한 것은 전문 인력을 고용하면 더 짧은 기간 안에 목표를 완수할 수 있다는 것이다. 일의 특성을 정확히 이해하는 전문가의 작업을 수정하고 변경하는 데는 많은 시간이 필요하지 않다. 또한 이들은 여러 클라이언트와 함께 일하며 다양한 문제를 접한 경험이 많기 때문에 미숙한 초보자는 미처 생각지 못한 문제점과 그에 따른 해결책까지 함께 제시한다. 결국에는 경비를 절약하려고 고용한 초보 인력보다 톱 레벨의 전문가와 일하는 것이 비용 절감에는 더 효과적이다.

4년 전 이그재민닷컴은 첫 상품을 시장에 선보였다. 보충제에 대한 방대한 연구결과를 통합한《건강 보조제 참조 가이드》The Supplement Goals Reverence Guide라는 두툼한 전자책이었다. 이 책은 오웰이 직접 만든 웹사이트에서 49달러에 판매했고 약 20만 달러의 매출을 올렸다.

매출은 좋았지만 고객의 의견은 조금 달랐다. 오웰은 '책은 훌륭하지만 너무 전문적이다. 엄마는 물론 나도 읽기가 어렵다'라는 피드백을 받았다고 전했다. 이후 오웰은 비전문가들을 위해 짧은 분량으로 효율적인 정보만 모은 분야별 가이드Stack Guides 열여섯 권을 발간했다. 발생한 수입을 사업에 다시 투자했다. "매출이 폭발적이었죠. 전문 인력을 더 많이 들였습니다. 다양한 전문가로 팀을 꾸려 자문이 필요할 때마다 도움을 받았어요."

최근에는〈리서치 다이제스트〉Research Digest라는 새로운 상품을 선보였다. 이 상품은 전문가들을 대상으로 한 달에 2회 발행되는 뉴스레터이다. 월 30달러의 이용료로 구독자는 최신 영양학 보고서를 받을 수 있다. 오웰은 모든 상품을 전자책 형태로 판매해 제품 생산의 비용을 낮게 유지했다.

그는 수년간 쌓은 이메일 리스트를 홍보 수단으로 활용해 마케팅 비용 역시 절감했다. "소중한 개인정보 중 하나인 이메일 주소를 준다는 건 고객이 곧 당신의 메시지에 관심을 가지겠다는 의미입니다."

스물아홉 살의 실력 있는 파워리프터(바벨 들어올리기 전문가)이자 보디빌더인 닉 쇼Nick Shaw가 세운 르네상스 피어리어디제이션Renaissance

Periodization 역시 오웰과 비슷한 인포 마케팅 접근법을 활용했다. 르네상스 피어리어디제이션은 운동선수와 피트니스 애호가를 대상으로 한 트레이닝 및 다이어트 서비스 기업으로, 2015년 말 과다한 업무로 아내를 직원으로 채용하기 전까지 그는 1인 경영으로 100만 달러 이상의 매출을 올렸다. 그는 노스캐롤라이나주 샬럿에 있는 자택에서 재택근무를 하고 스무 명이 넘는 박사와 정식 인증을 받은 영양사로 팀을 꾸려 전문 지식 상품을 개발했다. "우리 회사의 경쟁력은 지식입니다. 혼자서는 시장에서 활약하는 사람들보다 좋은 상품을 제공할 수 없습니다."

쇼는 일대일 서비스를 넘어선 아이디어로 매출을 성장시켰다. 스포츠 매니지먼트를 전공한 그는 운동선수에게 식이요법을 코치하는 일로 사업을 시작했다. 자신의 경험을 토대로 잘 아는 고객층, 보디빌더가 첫 타깃이었다. 그러나 얼마 지나지 않아 본인 혼자서 혹은 자신이 고용한 컨설턴트 몇 명으로는 일대일 코칭에 한계가 있음을 깨달았다. "다이어트 코칭을 확장할 수 있는 방법이 없을까?" 그는 끊임없이 고민을 거듭했다. 두 자녀를 둔 그는 매출 신장을 목표로 일에만 매달리고 싶지 않았다. 결국 방법을 찾아냈다. 템플 대학Temple University에서 신체운동학 조교이자 쇼의 창업을 도운, 운동생리 분야 컨설턴트인 마이크 이즈러텔Mike Israetel과 함께 식이요법 템플릿을 제작했다. 사전 제작한 템플릿이 있으면 쇼가 일대일로 코칭하지 않아도 많은 고객들이 그의 도움을 받을 수 있을 거라는 생각이 들었다. 식이요법 템플릿은 고객의 성별과 체중, 다이어트 목적에 따라 맞춤형으로 제작했다. 소비자는 쇼의 웹사이트를 통해 템플릿을 구매했다. 가장 인기가 많은 상품은 575달러의 3개월 다이어트 코칭 플랜으로, 여기에 트레이닝 프로그램을 추가하면 750달러가 된다. 트레이닝은 이메일과 소셜 미디어로 진행한다.

솔 오웰과 마찬가지로 닉 쇼는 단 하나의 상품에만 의존하지 않았다. 일정 집중 기간 동안 체중을 감량하거나 증량하는 목표로 설계된 다이어트 템플릿은 현재 판매량이 가장 높은 상품으로 소비자의 목적에 따라 여러 포맷으로 제공된다. 플랜에 따라 다르지만 대략 100달러 선이다. "템플릿 상품은 고객 확장에 한계가 없습니다. 셀 수 없이 많은 사람들에게 판매할 수 있는 상품이죠." 쇼는 권당 30달러의 가격으로 전자책을 판매하기도 한다.

사업이 성공가도를 달리자 쇼 혼자서는 일을 감당하기 어려웠고 그는 효율적으로 회사를 운영할 방법을 찾아야 했다. 그는 인퓨전소프트Infusionsoft라는 고객 관리 소프트웨어를 통해 고객과의 의사소통 및 메일링 서비스를 처리하기 시작했다. "웹사이트의 모든 업무를 자동화시켰습니다." 덕분에 수백 명의 고객을 넘어 전 세계에 있는 수만 명의 고객을 불러 모을 수 있었다.

어떤 정보를 상품화할 수 있을까

본인이 가진 전문 지식 가운데 어떤 정보를 상품화해야 할지 확신이 없다면 어떻게 해야 할까? 집착에 가까울 정도로 열정적인 주제, 본인의 삶에서 중요한 목표를 토대로 그 실마리를 찾을 수 있다. 어떤 정보가 시장에서 팔리는지 알려면 어디서 도움을 받을 수 있을까? 사업을 처음 시작하는 사람이라면 수천 개의 디지털 상품을 판매하는 인터넷 소매점 클릭뱅크ClickBank를 훑어보며 어떤 상품이 잘 팔리는지 감을 잡을 수 있다. 또한 온라인 서점에서 자신이 선택한 니치 시장 분야의 베스트셀러 순위를 확인하고 방문자 수가 많은 블로그를 참고하면 본인과 비슷한 관심사를 가진 사람들이 무엇에 반응하는지 아이디어를 얻는 데 도움이 된다. 그 후에는 현재의 물결에 새로운 걸 덧붙일 방법을 찾아야 한다.

브라질리언 주짓수 검은 띠 소유자인 스물아홉 살 대니얼 퍼젤라 Daniel Faggella는 자신이 좋아하는 무술로 돈을 벌기 위해 다양한 방법을 시도했다. 결국 그는 성공적인 비즈니스를 운영하며 높은 매출을 달성했고, 이후 100만 달러 이상을 받고 사업체를 팔았다. 매각하기 바로 전 달에도 월 매출은 21만 달러였다고 그는 전했다. 구독자를 대상으로 한 온라인 상점, 사이언스 오브 스킬Science of Skill에서는 전 세계의 수강생에게 온라인 피트니스와 호신술 수업 및 관련 상품을 판매한다.

퍼젤라가 처음부터 인터넷 기업인을 꿈꿨던 건 아니었다. 그는 대학원에서 인지과학을 공부했다. "제가 열정이 넘치는 분야는 인지과학이죠. 하지만 공부만 할 수 없었어요. 저에게 안식년이 있는 것도 아니고 집에 돈이 많은 것도 아니었거든요."

퍼젤라는 20대 초반부터 작은 도장을 운영하며 직접 대학원 학비를 낼 정도로 충분한 돈을 벌었지만, 스물다섯 살 무렵 전자상거래 사업을 운영하기로 결심하고 도장을 양도했다. 누구보다 무술과 시합을 사랑했고, 수익성이 좋았지만 매출 규모 확장에는 한계가 있었다. "제가 운영했던 도장처럼 무술과 관련한 시설에서 직원 없이 100만 달러의 매출을 달성한다는 건 불가능한 이야기입니다. 적어도 프런트 데스크 직원과 강사 몇 명은 필요하니까요."

퍼젤라는 번 하니시의 《규모를 확장해라》Scaling Up 을 읽은 후 장소에 구애받지 않고 유연한 규모로 운영 가능한 사업에 눈을 돌렸다. 더불어 자신이 진짜 열정을 가지고 있는 인지 과학 분야를 공부하려면 충분한 수익이 나야만 했다. 처음 사이언스 오브 스킬 사이트는 온라인 무술 강좌로 시작했다. 그건 자연스러운 흐름이었다. 퍼젤라는 격투기 선수로는 왜소한 체구였으나, 한 챔피언 전에서 몸집이 훨씬 큰 상대를 때려 눕혀 명성을 얻고 있었다. 그가 경기장에서 보여준 모습에 영감과 교훈을 얻은 사람들이 많았다. "몸집이 큰 상대 선수들과 치른 경기가 온라인에서 인기를 끌었습니다." 격투기 팬이 늘자 그가 운영하는 사이트의 방문자 수도 늘어갔다.

그럼에도 얼마 안 가 한계가 찾아왔다. 본인이 지닌 격투기 기술만으로는 사이트에 올릴 영상 자료가 한정적이었다. 그는 유튜브 채널과 페이스북 커뮤니티에 사업용 목적이 아닌 단순한 자료 공유용으로 격투기술을 올리는 전문 무술인들을 찾아 나섰다. 프로 선수들 대부분이 개인 레슨을 하고 있었지만 대다수가 생계에 어려움을 겪고 있었다.

곧 퍼젤라는 미국(텍사스)과 해외(노르웨이, 스웨덴)에 있는 열두 명이 넘는 강사와 파트너십을 맺고 온라인 강좌를 개발해 사이트에서 판매하기 시작했다. 그와 함께한 무술인들 모두 직접 운영하는 웹사이트나 소셜 미디어보다 많은 사람들에게 자신들의 영상이 노출되어 만족스러워했다.

강사들은 사이언스 오브 스킬을 통해서 인지도를 얻고 영상 한 편당 개인 레슨으로 벌었던 돈의 두 배를 받았다. 예를 들어, 개인 레슨으로 시간당 100달러를 받았던 프로 선수에게 퍼젤라는 한 시간짜리 영상 한 편을 찍는 대가로 200달러를 지급했다. 그러나 다양한 무술 콘텐츠에도 한계는 있었다. 퍼젤라가 몇십만 달러 매출을 넘어 100만 달러 이상의 매출을 거둘 수 있었던 데는 타깃층을 넓힌 게 유효했다. "인터넷 음지 속 소수에게만 알려진 브라질리언 주짓수에서 벗어나자 제대로 된 성장이 가능했습니다. 주짓수뿐 아니라 자기 방어기술과 호신술 등 넓은 시장으로 확장해나갔죠. 주거 침입을 막는 방법, 총기를 사용하는 법, 기초적인 호신술 등에 사람들의 관심이 많았습니다."

퍼젤라가 온라인 상점을 매각할 당시 각 상품마다 상당한 매출이 발생하고 있었다. 매출이 가장 높은 상품 가운데 하나는 호신술과 격투기 기술 강좌였다. 퍼젤라는 무술용 단검 등 호신용품과 DVD 프로그램도 함께 판매했다. 그의 충실한 조력자로 저작권과 웹 서비스 업무를 도와주는 네 명의 계약직 덕분에 그는 100만 달러 이상의 매출이 가능한 회사로 성장시킬 수 있었다.

사이언스 오브 스킬을 운영하며 퍼젤라는 또 다른 열정을 좇았다. 그는 샌프란시스코에서 인공지능 관련 미디어 회사이자 시장조사 기관인 테크 이머전스Tech Emergence의 운영을 병행하다 사이언스 오브 스킬을 매각했다. "지금껏 저는 관심이 있는 일, 열정이 있는 일만 해왔어요." 사이언스 오브 스킬에서 벌어들인 수익으로 그는 항상 꿈꿔왔던 인공지능에 몰입할 기회를 얻었다.

전문 서비스 산업

로펌, 그래픽 디자인 숍, 마케팅 에이전시 등 전문 서비스 산업 분야의 기업이 매출을 늘리는 건 매우 어렵다. 전문 서비스 인력의 수입은 보통 노동 시간에 비례하기 때문에 제한적일 수밖에 없다. 하지만 예외는 늘 있는 법. 100만 달러의 매출을 목표로 하는 1인 전문 서비스 기업의 경우 주로 두 가지 방법을 택한다. 첫 번째, 자동화, 아웃소싱, 독립계약자를 적극 활용하는 방안을 마련하거나 두 번째, 경쟁사에 비해 높은 가격을 책정하는 방법이다.

먼저 1안을 선택한 기업인을 만나보고자 한다. 애틀랜타의 한 광고 회사에서 멀티미디어 프로듀서로 일하던 패멀라 그로스먼Pamela Grossman은 약 20년 전 출근길에서 끔찍한 발작을 경험한 뒤 자신에게 심각한 공황장애가 있다는 사실을 깨달았다. 몇 년간의 치료 끝에 컨디션을 조절할 수 있을 정도로 호전되었지만, 이후 집 바깥에서 생활하는 건 어려운 일이 되었다. 장애인 등급을 받아 일을 할 필요가 없었지만 새로운 모습으로 재기하고 싶었던 그녀는 인 더 프레젠트In The Present 란 이름의 고급 마케팅 프로덕션 스튜디오를 차려 사업을 시작했다. "일을 좋아해요. 전 일을 안 할 수가 없어요." 그녀는 이렇게 말했다.

인 더 프레젠트에서는 로고 디자인, 브랜드 구축, 마케팅과 홍보, 소셜 미디어 마케팅, 비디오 제작 등의 업무를 한다. 과거 직장에서 진행했던 대형 프로젝트와 같이 규모 있는 프로젝트를 따내기 위해 그로스먼은 업계 평균보다 훨씬 높은 금액을 제시해 실력 있는 독립계약자를 섭외했고, 곧 전 세계적 규모의 인력 네트워크를 형성했다. 계약자들 및 고객과의 원활한 의사소통을 위해 왓츠앱WhatsApp, 디자인 프로그램인 피그마Figma, 고투미팅GoToMeeting, 스카이프 등을 활용했다. 시간대가 각기 다른 나라에서 일하는 프리랜서들 덕분에 고객이 의뢰한 작업을 빨리 처리할 수 있었고 시장에서 우위를 선점할 수 있었다. 한편 그녀는 래브라두들 견종의 반려견 밀로와 함께 일하는 덕분에 공황장애 역시 한결 나아지고 있다. 이 1인 여성 기업은 연간 200만 달러 이상의 매출을 기록하고 있다.

자문회사와 같은 전문 서비스 기업의 경우 시급이나 의뢰비용을 높게 책정해 매출을 늘리기도 한다. 이와 비슷한 방법으로는 다양한 서비스를 묶은 패키지 상품과 트레이닝 프로그램에 프리미엄 가격을 매겨 이를 수용할 고객에게 판매하는 방법이 있다. 믿을 만한 독립계약자들과 네트워크를 형성해 서비스 상품을 함께 제작하고 판매하는 등의 전략도 함께 활용할 수 있다.

전문 서비스 비용을 높이는 방법

몸값을 높이는 일이 쉽진 않지만, 서비스 기업에서 매출을 높이려면 이 방법 밖에 없을 때가 많다. 다행히도 많은 기업인들이 이것을 해냈으며 고객을 잃지 않고 가격을 높이는 방법은 가능하다.

우선 자신의 수익이 어디에서 발생하는지 알아야 한다. 비즈니스를 처음 시작할 때는 현금 흐름을 원활히 하고 사업에 속도를 내기 위해 수익성이 높지 않은 고객과 거래하는 것도 그리 나쁘지 않다. 기업의 마케팅에 이름을 올릴 수 있는 유명인이나 새로운 고객을 소개시켜줄 정도의 영향력 있는 사람이라면 가격을 낮춰 진행해도 사업체가 자리 잡는 데 도움이 되기 때문이다. 경비를 제외하고 남는 수익이 없어도 말이다.

그러나 어느 정도 사업이 자리를 잡은 후에는 수익성 없는 고객을 계속 유지할 필요는 없다. 그런 방식으로는 사업에 재투자할 수익을 내기는커녕 간접비용을 충당하기도 버겁게 된다. 각 고객에 따라 분기별 발생 수익을 계산하고 각각의 프로젝트를 완수하는 데 드는 시간과 비용을 따지면 기업이 손익분기점을 맞추었는지 이익을 냈는지 산출할 수 있다. 만약 이익 창출에 실패했다면 가격을 올리거나 수익성이 높은 고객을 유치하는 방안을 강구해야 한다.

시세를 파악하라. 소비재 산업에서는 온라인의 광고나 경쟁사의 웹사이트를 통해 시장에서 통용되는 상품의 가격대를 한눈에 확인할 수 있다. 한편 전문 서비스 기업은 다른 방식의 접근이 필요하다. 비용이 들지만 단체나 협회에 가입해 시장 보고서를 접하며 독립형 전문 인력이 어느 선에서 가격을 청구하는지 정보를 살펴야 한다. 나 또한 연회비 200달러를 내고 단체에 가입했는데 투자비용이 아깝지 않을 정도로 도움을 받고 있다. 이런 조직을 찾기 어렵다면 같은 지역 내에서 활동하는 경쟁자들 가운데 우호적인 관계를 유지하는 사람들과 정보를 나누며 시장 내 형성된 시세를 알아보는 것도 좋은 방법이다. 업계 내 상당수가 당신보다 높은 금액을 받는다는 사실을 알게 되었는가? 그렇다면 요금을 높일 때가 되었다.

고객의 투자수익률을 고려하라. 제 역할만 충분히 해낸다면 고객은 기꺼이 높은 비용을 지불할 용의가 있다. 당신에게 일을 맡기는 것이 비용 이상의 가치를 창출한다는 것을 증명해보여라. 요금 인상에 대해 이야기하기 전에 당신과 일을 하는 것이 고객에게 얼마만큼 경제적 이득을 가져올지 증명할 객관적 자료를 갖추어야 한다. 예를 들어 6개월간 세일즈 팀을 코칭한 뒤 성과가 세 배로 뛰었다면 당신의 몸값을 높일 좋은 실례를 만든 것이 된다.

자신이 고객에게 제공한 가치를 반드시 숫자로 환산할 필요는 없다. 가령 스피치 강사로서 본인이 코치한 고객이 큰 행사에 스피커로 초청되거나 강연 의뢰가 늘었다면 고객이 스피치의 대가를 지불받기 전이라도 이 역시 당신이 고객에게 가치를 생성한 것이 된다.

가격을 인상할 방법을 찾아라. 손쉬운 접근은 서비스에 부과되는 요금을 올리는 것이지만 이외에도 방법은 있다. 몇몇 기업인들의 경우 본인이 제공하는 서비스를 패키지 상품으로 묶어 고객이 단 하나의 상품을 고르는 옵션을 배제하고, 반드시 프리미엄 가격을 내고 패키지 서비스를 구매하도록 유도한다. 당신이 일하는 시장의 다른 판매자들이 어떤 방식으로 서비스를 제공하는지 살펴보면 많은 아이디어를 얻을 수 있다.

온도를 살펴라. 일괄적으로 가격을 인상하기 전에 우호적인 고객을 대상으로 인상을 시도하거나 새로 유입된 고객에게만 한정적으로 적용해보자. 반발이 있다면 접근법을 수정할 필요가 있다. 어쩌면 현 고객들은 물론 잠재 고객 역시 더 비용을 지불할 의사는 있지만 당신이 제안한 수준은 아닐 수도 있다. 고객의 반응을 미리 예상하고 해결책을 생각해두어야 한다. 재정적 손실을 감수하며 기업을 운영하고 싶지도 않지만 갑작스러운 가격 인상으로 고객을 놓치는 것도 원치 않기 때문이다. 가격 조정에 대한 생각을 한 시점부터 최소 6개월의 시간을 들여 자신이 제공하는 서비스의 가치를 명확히 해둬야 큰 저항 없이 요금을 인상할 수 있다. 가격 변동으로 갑자기 가장 큰 고객이 떠날 경우를 대비해 다양한 고객층을 확보하는 것이 안전하다.

노동의 대가를 명확히 하라. 가격이 어떻든 제때 대금을 지급받지 못한다면 더 이상 그것은 비즈니스가 아니다. 청구서 발행을 주별 업무로 정착시키고 지불이 늦어질 경우 후속 조치를 취해야 한다. 전문 서비스 기업에서 계약금과 중도금 청구는 관행이므로 해당 조항을 명시해야 한다. 업계 내 단체나 협회에서 계약서 샘플을 제공하기도 한다. 계약 전 잠재 고객이 이런 조항에 망설인다면 추후 대금을 받을 확률은 말하지 않아도 알 것이다.

계약금과 중도금 지급이 흔치 않는 업계라면 완납 전에는 추가적인 의뢰를 피하고, 고객이 파산할 경우 받지 못할 비용을 감안해 금전적 피해를 감당할 선까지만 일하라. 지급은 미루고 일만 계속 의뢰하는 고객에게 "저는 1인 기업인이고 고객의 프로젝트에 자금을 댈 여유가 없습니다. 추가 업무를 진행하기 전에 마지막으로 발행한 청구서를 처리해주실 수 있습니까?"라고 묻는 것은 당연하다. 상식적인 고객이라면 충분히 이런 상황을 이해할 것이다. 밀린 1,000달러를 지급하지 않는 고객이라면 추후 청구될 1만 달러 역시 지불하지 않을 확률이 높다. 1인 기업인으로 가장 힘든 일 중 하나가 미지급된 비용을 고객에게 독촉하는 업무이다. 그러니 사전에 장치를 마련해둬야 한다.

퍼스널 서비스 기업

강아지 산책이나 다이어트 코칭 등의 퍼스널 서비스Personal Services 기업 역시 전문 서비스 기업이 겪는 어려움이 있다. 퍼스널 서비스를 제공하는 기업인은 자신의 시간을 고객에게 판매하는 것이다. 물리적인 시간이 필요한 사업 분야여서 제약은 있으나 창의적인 아이디어로 매출을 높일 방법은 얼마든지 있다.

스물아홉 살의 조이 힐리Joey Healy가 바로 좋은 예이다. 그는 뉴욕에서 조이 힐리 아이브로 스튜디오Joey Healy Eyebrow Studio라는 눈썹 스타일링 사업을 운영한다. 그는 부유한 맨해튼 사람들의 집을 찾아다니며 사업을 시작했다. 배우 키라 세지윅Kyra Sedgewick처럼 경제적 여력이 되는 고객들을 상대하고 있었지만 눈썹 스타일링에는 최대한 부과할 수 있는 가격의 한계가 있었고, 직접 고객에게 찾아가는 방식은 효율적이지 않았다. 그는 사업 성장을 위해 종일 일해야 했다. "오전 9시부터 저녁 9시까지 파크 애비뉴를 벗어날 수 없었어요." 처음 인터뷰 당시인 2년 전 그가 한 말이었다.

그후 힐리는 115달러에 눈썹 관리를 전문으로 하는 스튜디오를 오픈해 고객이 찾아오도록 만들었다. 이후 상황은 달라졌고 뉴욕 내 스파 체인점 네 곳과 계약을 맺으며 큰 전환점을 맞게 되었다. 그는 체인 소속으로 일하는 스타일리스트에게 기술을 전수해주고 이익을 나누었다. 스파 체인점과의 계약으로 벌어들인 수익에 더불어 외부 제작업체에 의뢰해 눈썹 전용 화장품을 판매하는 사업을 시작했고 직원 한 명 없이 그는 연간 100만 달러의 매출을 달성했다.

고객의 수에 제한을 두고 싶지 않다면

힐리는 성장해나가는 초경량 기업이 뜻밖의 기회를 만날 수 있음을 몸소 보여주었다. 일반적으로 미용, 패션 업계의 프리랜서들은 고객의 수를 제한해 사업체를 간소하게 운영한다. 그러나 그는 100만 달러 매출을 달성한 후에도 계속 성장하는 길을 선택했다. 기업이 빠른 속도로 성장하자 웹사이트 및 도매업체의 주문 관리와 마케팅 뉴스레터 발행, 스케줄 관리 등을 처리해줄 어시스턴트 직원이 필요했다. 이윽고 그는 30평대의 넓은 곳으로 스튜디오를 이전했다. 2015년 이후부터 그가 주로 활동해온 곳으로, 맨해튼에서 비싸기로 유명한 유니버시티 플레이스 1층 상점이었다. "큰 도박이었습니다." 이전 건물에 비해 임대료는 여섯 배나 되었다. 자신의 투자를 제대로 활용하기 위해 그는 다섯 명의 직원을 추가로 채용했다. 이 과정에서 잡음도 있었다. "최적의 스태프 팀이 되기까지 많은 사람들이 거쳐 갔죠."

운영비용이 급격히 늘었지만 매달 흑자였다. "눈썹 스타일링 사업은 수익성이 높습니다. 크게 성장할 수 있도록 자리를 잡아 기쁩니다. 특히나 투자자들이 탐낼 비즈니스 모델을 저 혼자 일구었다는 점이요." 무엇보다 스키를 타러 가서 팔목이 부러지면 손님을 맞을 수 없을 거라는 불안감에서도 해방되었다. "서비스를 제공하는 여러 스태프들이 일주일 내내 상주하고 있어서 이제는 휴식이 필요할 때 쉴 수 있습니다. 작았던 사업체가 이제는 살아 있는 유기체가 되어 미래까지 약속해주고 있습니다."

이외에도 홀로 초경량 서비스 기업을 운영하며 큰 규모로 성장시킨 사례는 많다. 한 예로 마흔아홉 살의 데브라 코헨Debra Cohen이 1997년부터 뉴욕주 휴렛의 자택에서 시작한 일은 훗날 100만 달러 매출 기업의 단초가 되었다. 코헨이 운영하는 홈오너 리퍼럴 네트워크Homeowner Referral Network는 실력 있는 주택 수리 및 개조 기술자를 고객에게 중개하는 기업이다. 이곳은 고객에게는 무료지만 독립계약자는 작업을 완수한 후 코헨에게 중개료를 지급하는 방식으로 운영된다. 그는 직원을 고용하지 않았지만 온라인 어시스턴트, 웹 마스터, IT 전문 인력 등 여러 계약직을 고용해 필요한 도움을 받고 있다. "덕분에 많은 비용이 절감되었습니다."

앞서 소개된 닉 쇼 역시 1인 피트니스 트레이닝 기업도 매출을 성장시킬 수 있음을 증명했다. 그러나 콘텐츠를 판매하는 방법만 가능한 것은 아니다. 제1장(30쪽)에서 만났던 댄 메제리츠키는 퍼스널 트레이닝을 제공하는 기업, 피트니스 온 더 고를 운영하고 있다. 그는 색다른 접근법으로 기업을 프랜차이즈로 확장시켰다. 그것은 독립계약자인 트레이너들에게 피트니스 트레이닝을 일임하는 방식이다.

캐나다에서 10종 경기 주니어 챔피언이었던 그는 올림픽 선수 선발대회 참가 준비와 과도한 훈련 때문에 스무 살에 허벅지 근육이 파열되는 부상을 입었다. "재활하는 동안 사람의 몸에 대해 많이 배웠습니다. 허벅지 부상 때문에 더 이상 선수생활은 어려웠습니다." 메제리츠키는 퍼스널 트레이너의 길을 걷기로 결심했지만 1인 기업인이 달성하는 그 이상의 성공을 성취하고 싶었다.

2005년 밴쿠버에서 피트니스 온 더 고를 시작할 때 그는 정직원으로 퍼스널 트레이너들을 고용했다. 사업 시작 후 3년도 되지 않아 그는 150만 달러의 매출을 달성했다. 그러나 그는 직원들과 함께 일하는 게 힘들었다. 트레이너들에겐 자신과 함께 회사를 성장시켜 나갈 동기가 없었다. "퍼스널 트레이너와 고객 간에 친밀한 관계가 형성되기 마련이고, 그러다 보면 트레이너 혹은 고객 측에서 하나의 제안을 하게 되죠. 예를 들어 고객이 지불하는 금액이 시간당 60달러이고 트레이너의 몫으로 20달러가 돌아가는 구조에서 피트니스 온 더 고를 제외하고 40달러에 합의해 레슨을 진행하는 식으로요."

프로답지 않은 트레이너도 있었다. 한 명은 고객의 집에서 화장실을 쓰겠다고 요청하고 샤워까지 했다. 여러 문제점 때문에 메제리츠키는 좌절한 나머지 사업을 접으려고 했다. 그는 정직원이 있어야 하는 비즈니스 모델이 꼭 필요한지 자문했다. 그 후 여러 사례를 연구하며 부동산의 경우 기업에서 집 소유주와 중개인을 연결해주고 수수료를 받으며 성공적으로 운영한다는 것을 알게 되었다.

메제리츠키는 프랜차이즈·라이센싱 모델을 적용해 다시 시작해보기로 했다. 그는 트레이너들에게 회사의 브랜드를 사용할 수 있게 해주었다. 광고와 소셜 미디어 마케팅을 대행해주고 업계 내 교육단체 및 인증기관과도 좋은 유대관계를 맺고 있는 피트니스 온 더 고의 소속으로 활동하는 것을 마다할 트레이너는 없었다. 또한 신생 기업에게선 쉽게 찾아볼 수 없는, 일관된 고객 경험을 제공해 굳건한 팬층이 있다는 것도 트레이너들에겐 커다란 장점이었다. "자신의 사업을 운영하고 싶어 하는 트레이너들이 많습니다." 회사가 정한 요금에서 트레이너의 몫은 91퍼센트나 된다. 이들은 비즈니스 운영 지원, 지속적인 교육 프로그램과 행정적 업무 처리 등의 서비스를 받는 대가로 피트니스 온 더 고에 매달 400달러를 지불한다. 현재 캐나다에 열세 개의 프랜차이즈가 있고, 각각의 프랜차이즈는 지역 내 트레이너를 직접 채용하고 관리한다.

그의 비즈니스 모델은 효과적이었다. 캐나다에만 180명의 퍼스널 트레이너를 둘 정도로 성장, 전 지역 매출이 400만 달러를 돌파했다. 1인으로 유지하는 본사 사무실에서만 그는 100만 달러의 매출을 달성했고 이중 수익률은 약 25퍼센트 가량이다. 그는 이제 미국 진출을 앞두고 있다.

메제리츠키가 정직원 없이도 큰 성공을 거둘 수 있었던 비결은 소프트웨어를 주문 제작해 다양한 기능을 자동화로 처리한 덕분이었다. 2만 5,000달러의 비용을 들여 설치한 소프트웨어를 통해 고객은 기업의 컴퓨터 시스템에 로그인 해 담당 트레이너가 배정한 과제를 확인하는 등 여러 가지 편의 기능을 사용한다. 무엇보다 소프트웨어를 통해 트레이너를 위한 교육 플랫폼은 물론, 고객과 소통할 수 있는 고객 관리 시스템과 전자결제 시스템, 우량 고객을 위한 보상 프로그램이 모두 가능해 트레이너들의 업무 부담을 줄일 수 있다. 그가 총 25만 달러나 들여 구축한 프로그램이 중요한 역할을 하는 만큼 그는, 웹페이지 유지와 보완을 위해 개발자에게 매달 기꺼이 1,000달러의 비용을 지불한다. "저희에게 라이선스 허가를 받고 시스템을 쓰는 기업들이 많습니다. 한 번 접하면 누구나 원할 프로그램이거든요."

지난날을 되돌아보며 그는 직원 고용을 동반한 전통적인 비즈니스 모델로 수익을 창출하면 직원이 '불만족스러운 삶'을 살 수 밖에 없음을 깨달았다. 직원에게 동기부여를 할 만큼 혹은 직원이 자발적으로 기업의 성장에 헌신할 만큼 임금을 지급할 수 없기 때문이다. "A급 트레이너가 되어야 1년에 7만 5,000달러 정도를 받았을 겁니다." 결국 직원들은 아무런 동기도 없이 출근도장을 찍기 위해 회사에 다닌다. 새로운 비즈니스 모델에서는 오너 자신과 트레이너의 이익이 동일선에 있었다. 트레이너가 정기적으로 지불하는 돈이 그의 수익인 이상, 피트니스 온 더 고 소속으로 트레이너들의 비즈니스가 성공적으로 운영되기 위해 메제리츠키 역시 최선을 다할 수밖에 없었다. 트레이너 입장에서는 자신의 사업이 성장할수록 수익이 높아지는 구조이니 더 열정적으로 일했다.

"제가 직원으로 고용하려고 했다면 함께하기 어려웠을 훌륭한 인재들도 데려왔고 더불어 이들은 회사의 서비스를 제공받는 조건으로 제게 월 400달러나 지불합니다. 트레이너들은 평균 6만 달러 정도를 버는 셈입니다. 회사의 전반적인 분위기 역시 전보다 나아졌어요. 모두 자신이 원해서 일을 합니다. 이것은 퍼스널 서비스 기업의 중요한 목표죠. 고객을 만족시키는 일을 한다면 함께 일하는 사람들도 회사에 만족해야 하는 게 당연하니까요."

💰 강렬한 브랜드를 만들기 위해서는

1인 기업의 경우 다국적 기업 수준의 유명한 브랜드를 만드는 것은 현실적으로 불가능하다. 그러기 위해선 홍보와 마케팅에 수백만 달러를 투자해야 가능하기 때문이다. 그럼에도 기억에 남을 브랜드를 만들어야 고객을 끌어들일 수 있다. 온라인 상점과 같이 시장 내 가격 경쟁력에서 우위를 선점한 빅 플레이어들 틈에서 눈에 띄어야 하는 기업에게 이것은 특히 중요한 문제다. 커밀과 벤 안버그가 월로&에버렛을 단시간 안에 성장시킨 원인 중 하나는, 상품에 좋은 안목을 지닌 큐레이터라는 이미지로 강력한 브랜드를 만들어 홈 인테리어 고객층의 시선을 사로잡았기 때문이다. 기업의 상호, 로고 이미지가 주는 느낌, 웹사이트, 서체까지 이 모든 것이 브랜드를 구축하는 요소가 된다. 기업이 모습을 드러내는 매체의 종류도 중요하다.

그러나 브랜딩은 시각적 이미지를 뛰어넘는 개념이다. 성공한 브랜드가 기본적으로 지킨 원칙은 고객에게 전달된 가치와 그 가치의 일관성이다. 브랜딩은 혁신, 지역사회 환원, 최상의 고객 서비스 등 기업의 가치를 반영한다. 브랜딩 과정에서 소규모 기업임을 애써 숨길 필요가 없다. 고객은 자신의 문의 글에 오너가 직접 답변하고 소통하는 기업에 호감을 느낀다. 이것이 1인 기업만의 장점이기도 하다.

기업을 키우는 과정에서 아마도 기업 브랜드를 실험하거나 변화를 줘야 할 경우가 많이 있을 것이다. 이때, 마케팅 분야의 구루인 세스 고딘Seth Godin의 블로그와 저서, 데이비드 미어맨 스콧David Meerman Scott의 《마케팅과 PR의 새 법칙》The New Rules of Marketing and PR 등의 도서는 훌륭한 길잡이가 되어줄 것이다. 이들의 통찰력은 기업의 규모를 넘어선 가르침을 전하고 있다.

부동산 산업

전통적인 기업인보다 투자 그 자체를 선호한다면 부동산이야말로 고매출 1인 기업을 만드는 이상적인 방법이다. 부동산 투자자로 1인 사업을 시작하는 사람 대다수는 주로 다른 업종에서 일하며 부동산에 투자할 자금을 마련한다. 2015년 부동산 중개 및 임대업종에서 활약하는 1인 기업의 수는 260만 개에 달했다. 이 중 연간 10만 달러 이상 100만 달러 미만의 매출을 기록한 기업이 70만 1,790곳, 100만 달러 이상 250만 달러 미만의 매출을 달성한 기업은 2,555곳이었다.

아는 곳에서 시작하라

재정 자문가로 일하는 코리 빈스필드Cory Binsfield가 이 사례에 해당한다. 대학 졸업 후 샌프란시스코에서 재정 자문가로 일하던 그는 퇴근길 금문교 위를 지나다 문득 이런 생각이 들었다. "오후였습니다. 차가 막혀서 꼼짝도 할 수 없었죠. '지금 여기서 뭘 하는 거지? 이렇게 아름다운 날, 도로에 갇혀 있다니' 이렇게 중얼거렸어요."

빈스필드는 캐나다 인근 미네소타주의 슈피리어호湖에 위치한 인구 8만 5,000명의 도시, 덜루스 출신이었다. 그는 고향으로 돌아갈 생각을 해본 적이 한 번도 없었다. 샌프란시스코와 비교하면 너무 작은 도시로 느껴졌기 때문이다. 그러나 그는 하루 바삐 답답한 대도시의 삶에서 벗어나고 싶었다. 금문교 위의 교통체증을 겪은 다음 날 아버지에게 전화를 걸어 덜루스로 돌아가겠다고 밝혔다. 그의 의도와는 다르게 이것은 100만 달러 마이크로 비즈니스의 시작을 알리는 결정이었다. 덜루스로 돌아가 재정 자문 일을 시작할 당시 그는 자신의 수입을 두 배 이상으로 올릴 기회를 발견했다. 자영업 고객들 가운데 은

퇴 후 노후 준비가 잘 되어 있는 사람 대다수가 임대 수입이라는 공통점을 갖고 있음을 깨달은 것이다.

"'난 이제 플로리다로 간다네' 건물이나 부동산이 있는 손님들이 이렇게 말하곤 했어요." 한편 사업체를 매각하려는 고객들 중 부동산이 없는 경우, 건강 문제나 이혼 등 예기치 못한 일 때문에 애초 계획대로 매각을 진행하지 못하는 사람이 많았다.

캘리포니아에 비해 덜루스의 부동산 가격이 터무니없이 낮다는 것을 알고 부동산 투자를 시도해보기로 했다. 그는 오래전부터 고풍스러운 장식품으로 치장한 오래된 건물을 좋아했다. "샌프란시스코에서 일했을 때 무일푼 신세였지만 주변 동네를 산책하며 건축물을 감상하곤 했습니다. 그러고 보면 예전부터 건물을 좋아했어요." 부동산 관련 도서를 사고 소위 '벼락부자 되는 법'을 알려준다는 강의에 돈을 쏟아붓던 시절을 거쳐 그는 부동산 투자가 이런 식으로 되지 않는다는 걸 배웠다. "이곳은 오히려 천천히 부자가 되는 업계예요."

고향으로 돌아온 지 4년 후, 서른세 살에 그는 첫 부동산을 매입했다. '다른 사람들이 하는 일은 나도 할 수 있다'고 되뇌며 의지를 다졌다. 부동산 업계에 발을 들인 이후로 캘리포니아에서 알고 지내던 부유한 아몬드 농장주의 말을 가슴에 새겼다. 그것은 살고 있는 집을 나눠야 한다는 조언이었다. "자가 소유의 집에 살면서 수익을 만들어야 합니다." 농장주는 그에게 말했었다. 그는 3세대용 주택을 매입해 그중 한 채로 이사했다. "왜인지 모르겠지만 집주인 역할이 잘 맞았어요." 그가 덧붙였다. 주식시장이 곤두박질쳐도 고함을 지르고 화를 내는 사람들이 없어서 좋았다.

현재 55세인 빈스필드는 부동산 116채를 보유하고 있다. 2인용 주택부터 아파트 빌딩까지 다양한 종류의 부동산을 소유한 그는 연평균 100만 달러 이상의 수익을 낸다. 서류 작업으로 일손이 필요할 때는 재정 자문 업무로 고용한 관리직 비서에게 부탁한다. 이쯤 되면 빈스필드가 116채의 부동산을 매입할 수 있었던 비결이 궁금하다. 그의 비밀은 목표를 향해 꾸준하게 정진하는 태도에 있었다. 부동산 업계에 뛰어들었을 당시 그는 투자금이 별로 없었다. "샌프란시스코에서 이곳으로 왔을 땐 빈털터리 상태였습니다." 당시 자산은 4만 5,000달러의 빚뿐이었다고 웃으며 말했다. 덜루스에서 시작한 재정 자문 사업은 더디게 성장했다. "운이 좋아야 연간 5만 달러를 벌었습니다." 신용 상태는 좋았지만 그가 자영업자라는 이유로 은행은 대출을 해주지 않았다. 첫 번째 부동산을 매입할 당시 매도자에게 대금 정산에 대해 몇 가지 협상을 해야 했다. 이후 그는 은행에서 융자를 받을 수 있을 정도로 탄탄한 실적을 쌓아나갔다.

불량 부동산을 계약하는 실수를 피하기 위해 그는 자신이 아는 지역에만 투자를 진행했다. "이상적인 지역, 그러니까 회사가 많아 교통편이 좋고 자전거로 출퇴근이 가능하고, 이국적인 레스토랑과 쇼핑 시설이 잘 갖추어져 있는 동네를 고르면 밀레니엄 세대(1980년대 초반에서 2000년대 초반에 출생한 세대—옮긴이)와 대학생들이 많이 찾아옵니다. 저는 캠퍼스 근처 가격이 높지 않은 지역에 투자하는 편이죠."
자신이 익숙하지 않은 지역이라면 인근에 차를 대고 산책을 하거나
롱보드를 타며 투자할 부동산을 찾는다. "스케이트보드를 타는 척하
며 살피는 거죠."

그는 결정을 내리기 전에 항상 '1퍼센트의 원칙'을 적용했다. 부동
산 투자로 수익을 얻으려면 임대료가 최소 부동산 매입가격의 1퍼센
트는 되어야 한다는 걸 몸소 배웠다. 가령 10만 달러의 부동산을 구매
했다면 월 임대료는 1,000달러로 책정하는 식이었다. 10년 안에 2인
용 주택 열 채를 구매하겠다고 결심했던 그는 5년 만에 목표를 달성했
다. 구체적인 목표를 세웠던 덕분에 집중력을 발휘할 수 있었다. "'이
제 어쩔까?' 하는 생각이 들었어요. '재밌어. 계속해보자'는 마음이었
죠." 8년 동안 투자에 투자를 거듭한 끝에 순자산 100만 달러를 달성
했고 2년 전에는 연매출 100만 달러를 기록했다. 현재 그가 파악한 자
산만 250만 달러에 이른다.

빈스필드의 또 다른 성공 비결은 자신이 살고 있는 지역 내의 투자
진행이었다. 덕분에 재정 자문가 일과 부동산 관리를 병행할 수 있었
다. 생활권 내 부동산을 매입해두면 점심시간을 활용해 고객에게 매
물을 보여줄 수 있겠다는 생각이 들었다. "제 건물은 모두 직장과 집
사이 2킬로미터 반경 안에 있습니다." 열 채의 부동산을 관리하는 데
한 달에 약 한 시간이면 되었다. 시간을 많이 할애할 필요가 없다는 걸
알게 되자 부동산 구매에 더욱 자신감이 붙었다. "열 채를 관리하는 데

한 달에 고작 한 시간이라면 100채도 충분히 가능하겠다는 생각이 들었습니다."

부동산 물건 관리를 외주업체에 맡긴 것도 유효했다. 처음에는 전등을 직접 수리하기도 했지만 기계를 다루는 데 흥미가 없던 그는 수리 업무를 믿을 만한 전문 기술자에게 맡겼다. 자금을 투자해 부동산 관리 소프트웨어를 들인 덕분에 세입자가 수리를 요청하는 양식을 작성하면 기술자에게 바로 전달되었다. "저는 오케스트라의 지휘자 역할만 하면 됩니다."

임대인이 된 후 그에게는 새로운 취미가 생겼다. 바쁜 와중에도 블로그 활동을 하고 텐 투 밀리언Ten to Million 웹사이트(tentomillion.com)에서 임대용 부동산 매입에 관한 팟캐스트도 운영한다. 부동산으로 돈을 벌고 싶은 사람들에게 그가 전하는 조언은 무엇일까? 바로 작게 시작하라는 것이다.

"누구나 어떤 방법으로든 한 채는 마련할 수 있습니다. 우선 첫 번째 물건을 매입하고 2, 3년이 지나면 두 번째 부동산을 구매할 여력이 될 겁니다."

그처럼 116채를 거느릴 만큼 대성공을 거두지 못해도 제대로 된 시장에서 부동산을 거래한다면 투자에 대한 수익은 반드시 볼 수 있을 것이다.

당신의 열정과 시장의 수요가 만나는 그 지점

자신이 좋아하거나 전문 지식을 갖춘 분야에 뛰어든다고 해서 반드시 성공하리란 보장은 없다. 당신이 판매할 상품에 대한 시장이 존재하는가가 가장 중요하다.

리치Rich와 비키 풀럽Vicky Fulop은 시장조사의 중요성을 일찍이 깨달았다. 부부는 뉴욕주 브루클린에서 고급 침구세트를 판매하는 온라인 스타트업 브룩린넨Brooklinen을 운영하고 있다. 휴가 중 호텔에서 제공된 침구 커버에 푹 빠져 가격을 검색하다 권장 소비자 가격이 무려 800달러나 한다는 걸 알게 된 부부는 시장기회를 발견했다고 생각했다. 온라인 상점을 열어 깔끔하고 미니멀한 디자인의 고급 침구세트를 저렴한 가격에 판매하면 승산이 있겠다는 생각이 부부에게 스쳤다.

그러나 한 가지 중대한 문제가 있었다. 두 사람 모두 침구 사업에 관한 경험이 전무했다. 2010년에 결혼한 풀럽 부부가 브룩린넨을 시작할 당시 리치는 서른한 살의 나이로 뉴욕대 스턴 비즈니스 스쿨NYU's Stern School of Business에서 MBA 재학 중이었고, 서른두 살의 비키는 뉴욕의 한 홍보대행사에서 영업담당 임원으로 근무하고 있었다. 부부는 여러 권의 책을 읽으며 공부하고 직접 발로 뛰는 시장조사를 통해 침구 디자인과 제작 과정을 밑바닥부터 배워야 했다. "업계 바닥부터 하나씩 배워나갔어요."

부부가 알아보니 고급 시트 가격이 고가인 이유는 제작 과정에 중

간업자들이 너무 많이 개입되어 있었기 때문이었다. 이들은 직접 제작하고 온라인을 통해 고객에게 바로 판매하는 비즈니스 모델을 만들면 판매가격을 낮출 수 있다는 결론에 이르렀다.

마음에 들었던 침구가 800달러라는 이야기를 듣고 놀랐던 걸 생각하면 결국 가격이 사업의 운영을 결정하리란 걸 잘 알고 있었다. 첫 집을 장만한 기념으로 가성비 좋은 사치품을 구매할 의향이 있는 소비자층을 떠올렸지만, 이들이 수용할 가격대를 부부는 도무지 종잡을 수가 없었다. "고객층에 대해 생각할 당시 저희는 젊은 소비자였습니다. 20대 중반의 신혼부부로 함께 살 집을 꾸미는 사람들이요. 아내는 학생이었고 저 혼자 경제활동을 하던 때라 아무리 마음에 들어도 800달러의 침대보를 살 수 없었지만 그래도 멋진 걸 갖고 싶었죠. 우리랑 비슷한 사람들이 있을 거라 생각했습니다. 적당한 금액대의 고급 침구세트를 시장에 내놓을 준비를 하며, 어쩌면 성공할지도 모른다는 예감이 들었습니다." 비키가 설명했다.

그들은 막연히 가격을 고민하기보단 직접 타깃 고객층에 접근했다. 비용은 한 푼도 들지 않지만 시간이 많이 드는 시장조사 방법이었다. 부부는 대형 상점으로 달려가 500명의 사람들에게 고급 침구세트에 얼마를 소비할 의사가 있는지 물었다. 침구 시트의 구매 습관을 파악하려고 간단한 설문지도 직접 만들고, ABC카펫&홈ABC Carpet&Home, 베드 배스&비욘드Bed Bath&Beyond, 크레이트&베럴Crate&Barrel 등 침대보 쇼핑을 위해 사람들이 갈 상점에 방문해 소비자 설문조사를 진행했다.

또한 제작한 샘플을 들고 카페에 무작정 들어가 낯선 사람들에게 의견을 구하기도 했다. 온라인 소비자 성향을 파악하기 위해 서베이몽키SurveyMonkey에서 무료 설문지를 만들어 페이스북에 게시한 후 친구들과 가족들에게 공유를 부탁했다. 리치가 말했다.

"처음 계획은 기본적인 침구세트를 195달러에 판매하는 거였어요. 설문조사를 진행하는 동안 '200달러는 고민이 좀 되네요. 100달러라면 크라우드펀딩에 동참할 것 같아요'라는 말을 들었어요." 현재 풀럽 부부는 짜임이 조밀한 퍼케일 면 소재의 플랫 시트와 고무밴드형 시트, 베갯잇 두 장 구성의 기본 세트를(트윈 사이즈 기준) 99달러에, 프리미엄 상품은 이보다 고가에 판매하고 있다.

인터넷이라는 조력자를 적극 활용하라

인터넷의 발달로 이제는 비싼 시장조사를 거치지 않아도 소비자의 구매 의사를 판단할 수 있게 되었다. 본인이 운영하는 사이트나 대형 온라인 소매상점에서 테스트 마케팅(제품 도입과 생산에 앞서 실제 시장 내 잠재 고객의 반응과 수요를 살피고 제품 가격과 판매 경로까지 사전에 조사하는 마케팅 기법 — 옮긴이)을 진행하는 방법 외에도 킥스타터Kickstarter, 인디고고Indiegogo처럼 상품 출시 전 예약 판매를 통해 창업 기금을 모으는 크라우드펀딩 사이트는 비즈니스 아이디어를 시험할 좋은 창구이다. 크라운드펀딩 사이트가 더욱 탄탄하게 입지를 굳혀가는 것에 힘입어 사이트를 통해 탄생하는 기업들도 성공적으로 세상에 발을 내

딛고 있다. 실제로 2016년 와튼~Wharton~ 연구 결과[6]에 따르면 2009년 킥스타터의 시작과 더불어 진행한 프로젝트로 5,000여 개의 영리 및 비영리 기업이 탄생했고, 이 기업들은 크라우드펀딩으로 모금된 기금 외 총 34억 달러의 매출을 달성했다고 전했다.

3년 전 가족들에게 받은 투자금과 예금을 합쳐 2만 5,000달러의 돈으로 사업을 시작할 당시 크라우드펀딩 시스템은 풀럽 부부에게 커다란 기회였다. 사업을 계속 키우기 위해 자금이 필요했던 부부는 킥스타터 캠페인에서 진행한 침대 시트 예약 판매로 23만 6,888달러의 기금을 모았고 주 고객층이 염가 판매용 시트를 구매하는 데 최소 30달러 이상을 소비할 거라는 예상이 옳았음을 확인하기도 했다. "오로지 입소문으로 가능했습니다. 저희에게는 열혈 팬이 없었거든요." 비키가 덧붙였다.

킥스타터 캠페인으로 브룩린넨은 경쟁 업체와 차별화된 디자인을 과감하게 선보일 수 있었다. 린넨류를 구매하는 소비자 대다수가 여성이기 때문에 보통의 기업들은 제품 디자인을 여성 취향에 맞춘다. "남성에게 판매할 생각은 아무도 안 해요." 리치가 말했다. 하지만 풀럽 부부는 스타일에 민감한 남성들은 침대 시트에도 신경을 쓰고 싶을 테고, 이 남성들이야말로 미개척 소비자층이라고 판단했다. 때문에 남성과 여성 모두를 고려해 무난한 스트라이프와 체크무늬 디자인을 선택했다. 현재 브룩린넨의 구매고객 절반은 남성 고객이다. 이제 갓 대학을 마치고 처음으로 자기만의 주거공간을 갖게 된 졸업생들과 결혼선물로 침구세트를 살펴보는 예비부부가 주 고객이다. 사업이 규모를 더해가자 부부는 일터를 아파트먼트에서 프리랜서를 위한 공유형 사무실, 위워크WeWork로 옮겼다. 홍보용으로 뉴욕 내 여러 매체에 전달할 제품을 소량 제작한 후 우버를 불러 이동했다. 주문이 밀려들자 태스크래빗TaskRabbit(일자리 중개 서비스 업체—옮긴이)에서 프리랜서를 구해 포장업무를 맡기고 배달은 카셰어링 서비스 집카Zipcar를 이용했다. 사무실에서 바로 배송해야 될 때는 승차 공유 서비스 업체에서 출시한 배송서비스 우버러시UberRUSH를 이용했다. "공유경제 시스템을 적극 활용했어요."

부부는 두 사람이 할 수 없을 만큼 일이 쌓이자 프리랜서를 더 고용하고 외주업체를 활용했다. 유료 페이스북 광고를 효율적으로 관리하기 위해 전문 인력과 계약을 맺기도 했다. 주문처리 업무도 뉴욕주 롱아일랜드에 위치한 루비 해즈 풀필먼트Ruby Has Fulfillment 업체에 일임했다. 비용을 들이지 않고 상품 디자인에 대한 시장 테스팅을 진행하고 프리랜서와 외주업체를 적극 활용해 사업 시작부터 간접비용을 굉장히 낮은 수준으로 유지하며 견실한 기업으로 성장할 수 있었다. "첫날부터 하루도 빠짐없이 수익을 내고 있습니다. 발생한 수익은 사업에 재투자하며 성장해왔죠." 킥스타터 캠페인 이후 1년이 조금 지나 처음으로 직원을 채용할 당시 매출액은 75만 달러였다. 같은 해 말에는 225만 달러로 껑충 뛰었다. 이듬해 브룩린넨의 매출은 2,000만 달러를 기록했다. 침대 시트뿐 아니라 이불 커버와 거위털 베개까지 상품을 확장한 기업은 이제 부부 단 둘이서 운영하던 소규모 기업에서 벗어나 현재는 서른두 명의 직원을 거느리는 중견 기업이 되었다. 이중 열여섯 명은 고객 서비스를 담당하는 외부 인력이다. 이들은 고객과의 소통에 있어 부부의 철학이 잘 전달되도록 강도 높은 트레이닝을 받았다. 기업의 규모는 달라졌지만 운영 철학은 여전하다며 리치는 이렇게 말했다. "초경량 기업처럼 민첩하게 운영하려고 굉장히 전략적으로 움직이고 있어요."

기업 규모가 커졌음에도 창립자인 부부가 구매 고객과의 친밀한 관계를 유지하기 위해 노력한 덕분에 고객들은 자발적으로 소셜 미디어에 입소문을 냈고 그 결과 단시간 안에 새로운 소비자를 데려오는 효과가 있었다. "항상 고객들의 수요를 따라가려고 노력해요." 리치가 설명했다. 한편 부부는 프리미엄 시트의 두 번째 라인을 시장에 출시했고 아티스트와 협업한 한정판 침구세트도 준비하고 있다.

처음 인터뷰 당시만 해도 부부는 프리랜서와 일하며 작게 운영하는 비즈니스 모델을 고수하고자 벤처 투자를 받지 않았다. 그래야 자신들이 세웠던 비전에 충실할 수 있다고 생각했다. "회사에 몇 명의 직원을 둬야 한다는 부담도 없고, 보여주기식으로 쓸데없는 비용을 낭비하지 않아도 되요. 지금은 전략적으로도, 창의적으로도 그때그때 우리가 원하는 방식대로 운영할 수 있습니다. 처음부터 끝까지 상황을 완벽하게 통제할 수도 있고요." 비키가 설명했다. 그러나 기업이 성장하고 진화할수록 기업을 세운 기업인의 생각 또한 바뀌게 된다. 제품

수요가 치솟자 풀럽 부부는 시장 규모에 맞추기 위해 외부 투자를 알아보기로 결정했다. "직원을 채용하지 않고 버티기 힘든 상황까지 갔습니다. 필요에 따라 변화가 불가피해졌죠." 비키가 당시의 상황을 설명했다.

부부의 멘토이자 뉴욕대 기업인 양성기관NYU Entrepreneurial Institute의 기관장인 프랭크 리말로브스키Frank Rimalovski가 리치의 모교인 뉴욕대를 대표해 2015년 말 브룩린넨에 10만 달러를 투자하자 전환점이 찾아왔다. 이후 리말로브스키는 핀터레스트Pinterest와 쇼피파이의 투자회사인 퍼스트마크 캐피털FirstMark Capital에 브룩린넨을 소개했다. 12월 연휴 특별 세일 행사를 성황리에 마친 후 얼마 지나지 않아 투자 계약이 체결되었다. 이듬해 3월 부부는 퍼스트마크 캐피털로부터 1,000만 달러의 시리즈 ASeries A(최초의 시드seed 투자 이후 처음 발생하는 후속투자로 상품 개발과 시장 진출에 대한 투자이다. B, C, D로 나갈수록 투자 금액이 커지는 것이 일반적이다.—옮긴이)투자를 유치했다. 브룩린넨이 투자 유치에 성공할 수 있었던 건 투자사의 창립자가 전자상거래 시장에 대한 깊은 이해와 지식이 있었기 때문이었다. 퍼스트마크 캐피털의 창립자이자 이사인 아미시 제니Amish Jani에게 이메일을 보내 투자를 결심한 이유를 물었을 때 그는 바로 회신을 보내왔다.

"브룩린넨이 소매업계의 혁신을 대표한다고 생각했습니다. 브랜드가 고객과 친밀한 관계를 맺고 깊이 있는 공동체의식을 형성하는 새로운 형태이죠. 고객에게 널리 사랑받는 제품을 만들며 기업을 효율적으로 성장시켜온 노력에 깊은 감명을 받았습니다."

신념대로 기업을 다져온 풀럽 부부는 외부 투자자가 브랜드의 성격을 헤치지 않을 만큼 확실히 자리매김했다는 믿음이 있었다. "투자자가 처음부터 자연스럽게 브랜드의 성장을 보아온 만큼 기업의 철학을 잘 이해하고 있었습니다. 기다림 끝에 저희와 어울리는 투자자를 만난 거지요."

서른다섯 살의 캐서린 크루그Katherine Krug 역시 킥스타터를 통해 자신의 아이디어를 테스트했다. 그녀는 샌프란시스코의 한 스타트업 회사에서 장시간 책상에 앉아 일을 한 탓에 좌골신경통에 시달렸다. 통증을 완화할 방법을 고민하다 집에서 쉽게 찾을 수 있는 물품들과 우유통, 끈을 이용해 등을 지지해줄 보호대를 만드는 방법을 떠올렸다. 갑자기 그것이 창업 아이디어가 될 수도 있겠다는 생각이 스쳤다.

자신의 아이디어를 친구들과 지인들에게 알리며 생각보다 많은 사람들이 허리 통증에 시달린다는 걸 새삼 깨달았고 자신이 만든 허리 밴드에 큰 관심을 보인다는 것을 알았다. 그녀는 지인에게 산업디자이너를 소개받아 샘플 제품을 만들었고 킥스타터에 올려 펀딩을 시작했다. 예상보다 반응은 뜨거웠다. 1만 6,000명이 넘는 사람들이 후원을 약속하고 선주문에 동참했다. 총 120만 달러의 기금이 모였다. 사람들의 반응에 힘입어 그녀는 세상이 자신의 상품을 원하고 있다는 자신감을 얻었다. 이뿐 아니라 수십 명의 사람들이 사업 파트너로 또는 유통업자로 함께하고 싶다고 연락을 해오자 상품에 대한 확신이 굳건해졌다.

킥스타터를 통해 마련한 기금으로 상품 출시에 필요한 독립계약자들을 섭외해 팀을 꾸렸다. 이중에는 브라질에 있는 마케팅 회사와 필리핀에 거주하는 온라인 어시스턴트도 포함되어 있었다. "항상 예상했던 것보다 일이 많아요. 할 일이 너무 많은 나머지 꼼짝도 할 수 없다는 느낌에 자신의 비전을 포기하는 사람들이 많아요. 일에 짓눌리는 거죠." 다행히 그녀에게는 제 몫을 해주는 팀이 있었다.

만약 자신의 비즈니스가 크라우드펀딩 캠페인에 어울리지 않는다면, 이외에도 비즈니스 아이디어를 시장에 테스트해보고 상황에 맞춰 사업 규모를 조정할 수 있는 예비자금을 마련할 방법은 많다.

현재 서른세 살인 저스틴 고프Justin Goff가 인생 최대의 위기 속에서 전자책 사업을 공동으로 설립한 과정을 통해 그 실마리를 얻을 수 있다. 독립계약자로 검색엔진 최적화 관리 업무를 하던 그는 일거리가 줄자 수입의 90퍼센트가 사라졌다. 여자 친구와도 헤어진 상황이었다. 그는 스물일곱 살의 무일푼 신세로 부모님께 얹혀 살 처지가 되었다.

막대한 스트레스는 그의 창의력에 불을 지폈고 얼마 후 자신의 담당 퍼스널 트레이너와 함께 《31일 체지방 분해법》31 Day Fat Loss Cure 이라는 전자책을 만들었다. 전직 군인이었던 트레이너는 사무직을 하며 망가진 몸을 예전으로 되돌리려고 노력 중이었다. 근육질 몸매를 만들기 위해 그는 군인 때 했던 고강도 인터벌 트레이닝을 택했고, 자신의 운동법과 식이요법을 고프 등 고객들과 공유했다. 두 사람은 60쪽

분량의 전자책을 만들 충분한 자료가 있었고 곧 지식상품을 사고 팔 수 있는 클릭뱅크clickbank 사이트에서 판매를 시작했다.

자본이 2,000달러뿐이어서 고프가 작은 실수만 해도 사업은 위험해질 수 있었다. 그는 하루에 100달러가량의 페이스북 마케팅을 활용해 책을 홍보했다. 여러 번의 실험과 심도 있는 분석을 거듭해 구매자의 눈길을 끌려면 어떻게 광고 문구를 써야하는지 배워나갔다. 하루에 100달러 손실을 보던 그는 점차 50달러, 10달러로 손해를 줄여 결국 손익분기점까지 도달했다. 광고를 통해 이익이 발생하자 대학을 졸업한 40, 50대 타깃층으로 광고 도달 인구수를 더욱 넓게 잡았다. 얼마 지나지 않아 하루에 2,000달러 매출 당연한 일이 되었다. 1년 만에 도서 판매 매출은 100만 달러를 넘겼다. "페이스북 광고를 배워두면 정말 유용합니다. 사업이 무섭게 성장하거든요."

100만 달러 매출을 내는 기업을 만들고 싶다면 이번 장에서 소개된 여러 기업인들처럼 생각하는 게 물론 중요하지만, 혼자서 생각만 한다고 성공적인 기업을 만들 수 있는 건 아니다. 이제는 비즈니스 시작의 첫 발에 실질적인 도움을 줄 이야기를 들어보도록 하자.

제4장

영리하게
실현하라

The Million-Dollar, One-Person Business

텍사스주에서 나고 자란 스물아홉 살, 폴 헤드릭Paul Hedrick은 카우보이 부츠의 열혈 마니아로, 뉴욕으로 거처를 옮긴 후에도 부츠를 향한 그의 애정은 조금도 식지 않았다. "더 부츠를 좋아하게 되었습니다. 텍사스주 출신인 걸 회사에 드러내려고 일부러 챙겨 신고 다닐 정도였어요."

그는 전공인 수학과 경제학을 최대한 활용하고자 맥킨지＆컴퍼니McKinsey＆Company와 사모펀드 투자사인 엘 캐터턴L Catterton 등 여러 이름 있는 회사에서 일했지만, 언젠가는 자신만의 회사를 차리겠다는 꿈이 있었다.

엘 캐터턴에서 소비재기업을 대상으로 컨설팅을 담당하던 그는 소비재 산업 분야에 관심을 갖게 되었다. 헤드릭이 부츠 사업을 구상하기 시작한 것 역시 이때였다. 그가 소장한 의류 아이템 가운데 고가의 물건은 단연 카우보이 부츠였고, 괜찮은 부츠 한 켤레를 사려면 무조건 비싼 값을 치러야 했다. "고급 부츠를 저렴하게 판매하는 곳이 단 한 군데도 없었어요. 그래서 직접 뛰어들기로 했습니다."

헤드릭은 2014년에 뉴욕에서 다니던 직장을 그만두고 카우보이 부츠 사업의 초석을 다졌다. 이후 테코바스_{Tecovas}를 시작해 웹사이트뿐 아니라 쇼룸과 콘서트장 같은 여러 이벤트 장소에서 고객에게 직접 카우보이 부츠를 판매하고 있다. 항상 웃는 얼굴에 자신의 이야기를 허물없이 잘 털어놓는 성격의 헤드릭은 자신이 세일즈에 소질이 있음을 깨달았다. 현재 텍사스주 오스틴에 있는 그의 사업체는 첫해에 연매출액 100만 달러를 달성했다. 소비자에게 직접 판매하는 비즈니스 모델로 중간상인에게 들어갈 비용을 절감해 195달러에서 235달러 선으로 제품을 제공했다. 비슷한 품질의 부츠에 비해 현저히 낮은 가격이었기 때문에 그는 넓은 고객층을 확보할 수 있었다. 최근에는 상품 라인에 벨트를 추가했고, 타조 가죽 등 고급 재료로 만든 부츠를 최고 355달러의 가격으로 출시했다. 2016년 매출액은 200만 달러를 웃돌았다.

헤드릭 역시 여타 100만 달러 기업인들처럼 처음 사회에 나왔을 때 자신이 진짜 하고 싶은 일이 무엇인지 깨닫지 못했다. 그러나 회사 밖의 세상에서 열정을 좇으라고 말하는 내면의 목소리에 귀를 기울이자 성공을 이룰 수 있었다. 그는 모험을 감행할 준비가 되어 있었다.

"좋은 직장에서 멋진 일을 했고 월급도 많이 받았습니다. 제 직업을 좋아했어요. 하지만 언제든 떠날 마음도 있었습니다. 아마 대다수의 사람은 쉽게 직장을 그만두지 못했을 겁니다. 그게 가장 큰 차이점이죠. 제 손으로 직접 무언가를 일궜을 때 진짜 성취감을 느낄 것 같았습니다. 그래서 사업을 시작했어요."

회사원의 삶을 떠나 기업인으로 변신하는 과정에 어려움도 있었지만 비교적 순조롭게 그는 자신의 뜻을 이루었다. 수많은 100만 달러 기업인들이 헤드릭과 유사한 길을 걸었다. 이제 이들의 전략을 알아볼 차례이다.

사업 자금을 마련하는 법

이 책에 소개된 기업인들 가운데 연간 100만 달러 근사치의 매출성과를 내기 위해 높은 강도의 업무량을 소화하는 사람도 있다. 어떤 기업인은 요가 수행을 하듯 지속적인 끈기를 발휘해 흐름을 유지해나가며 100만 달러를 달성했다. 그 방식이 어떠하든 대다수의 기업인들은 100만 달러 매출이라는 목표에 앞서 우선적으로 처리할 비용과 납부할 세금이 있음을 항상 염두에 두고 있었다.

성공하고 싶다면 앞서 기업인들의 경험을 참고하는 것이 좋다. 비용을 충당하느라 발을 동동 구르는 상황에 빠지지 않아야 창의적인 태도로 비즈니스에 전념할 수 있다. 당장 융통할 수 있는 현금이 있으면 기회가 찾아왔을 때 사업에 투자할 수 있고, 아직 여물지 못한 아이디어를 섣불리 제거하는 실수도 피할 수 있다.

처음 기업을 성장시키는 단계에서는 지속적으로 사업에 투자할 자금이 필요하며, 오너에게 경제적 여유를 제공할 만큼 기업이 자리 잡으려면 시간도 필요하다. 갤럽Gallup 리서치[7]에 따르면 운영 첫해부터 스타트업에서 발생한 수입에만 의존해 생활하는 기업인은 38퍼센트뿐이었고, 54퍼센트의 응답자는 생활비를 충당하기 위해 주된 수입원을 따로 둔다고 전했다. 응답자 과반수 이상이 사업 운영을 주 수입원이라고 답한 경우는 창업 후 2년에서 5년이 지난 기업인들에 한해서였다. 그나마도 51퍼센트만 그럴 뿐 44퍼센트는 여전히 다른 수입원에 의존하고 있었다.

이런 현실에서 1인 기업인에게 필요한 재정적 안전망을 마련하려면 어떻게 해야 할까? 거래처가 많지 않거나 투자를 받은 경험이 없는 사람들은 보통 네 가지 방법을 생각해볼 수 있다.

루트 1: 제2의 수입원을 확보하라

회사를 다니며 사업을 시작하고 본인 혹은 배우자의 월급으로 사업 자금을 조달하는 기업인이 많다. "비즈니스 아이디어가 있다고 해서 막무가내로 보수가 좋은 직장을 그만두는 건 위험해요. 성공하리란 보장도 없는데요." 켈리 레스터의 말이다. 세 자녀를 둔 엄마이자 파트타임 배우로도 활동하는 그녀는 로스앤젤레스 자택에서 이지런치박스라는 온라인 소매점을 운영한다. 그녀는 사업을 시작하고 8년이 지나서야 연평균 100만 달러 이상의 매출을 내기 시작했다. "완전히 잘못된 사업 아이템에 열과 성을 다하고 자신의 돈은 물론 부모님의 돈까지 쏟아붓는 사람을 꽤 많이 봤어요."

레스터는 과거 장식용 스위치 커버와 비누를 판매하던 인터넷 상점을 운영했지만 2006년에 매각했다. 3년 후, 쇼핑몰 매각으로 생겼던 돈이 바닥을 드러내고 경제 불황이 닥쳐 가족의 생활비가 부족해지자 그녀는 이지런치박스 사업을 떠올리게 되었다. 연기자인 남편의 수입으로 사업을 시작했지만, 그녀는 당시 상황의 심각성을 누구보다 잘 알고 있었다. "큰 모험이었죠."

레스터는 이지런치박스가 성장하며 발생하는 수입을 다시 회사운영 자금으로 돌렸다. "주문이 계속 이어져서 제품 생산 비용 충당에는 전혀 문제가 없어요." 이제는 은행에서 라인 오브 크레딧line of credit(은행이 일정 기간 동안 일정 금액 범위에서 기업에게 자금 대출을 약정하는 제도로 한국의 마이너스 통장과 유사한 개념 ─ 옮긴이)을 통해 대출을 받을 수 있지만, 대형 소매업체 타깃에서 들어오는 엄청난 주문량으로 생산비용이 막대함에도 불구하고 그녀가 은행을 찾을 일은 아직까지 생기지 않았다. 그녀는 타깃과의 계약으로 경제적 부담감을 한결 덜었다. 판매량이 예상에 못 미친다 해도 크게 걱정하지 않는다며 그녀는 말했다. "제품을 원가에 맞춰 팔고 그만하면 됩니다." 인터넷 상점에서 발생하는 매출만으로도 안정적인 수익을 창출하고 있기 때문이다.

더 이상 창업을 미루지 마라

사업을 시작하기 위해 당장 직장을 그만둘 수 없는 경우 약간의 창의성을 발휘해 창업 준비를 위한 시간을 만들어야 한다. 이렇게 생각해보자. 만약 1주일에 한 시간을 사업구상에 할애한다면 1년 동안 52시간을 투자한 셈이다. 이 정도면 사업의 틀을 잡고 초기 모델을 시작하기에는 충분한 시간이다.

매주 얼마의 시간을 투자할 만큼 계획적이지 않은 성격이라면? 그렇다면 한 번씩 집중력을 발휘해 몇 시간을 투자하면 된다. 훌륭한 비즈니스 지원투자 기관인 테크스타Techstars에서는 여러 도시에서 스타트업 위캔드Startup Weekend 프로그램을 운영하는데, 54시간의 교육기간 동안 자신이 정한 도시에서 실제로 사업을 운영하는 경험을 할 수 있다.

100만 달러의 1인 기업을 운영한다고 장시간 격무에 시달려야 하는 것도 아니다. 업무 시간과 임금이 어느 정도 상관관계에 놓인 직장과는 달리 기업 운영에서 얻는 수익은 기업인이 얼마나 영리하게 또 우선순위를 잘 선별해 시간을 활용하는지에 성패가 달려 있다. 돌턴데일Dalton Dale 은 시간 활용의 중요성을 누구보다 잘 아는 사람이다. 그는 관광객 참여형 관람지를 제작하는 1인 기업인이다. 뉴욕 할렘가 유서 깊은 건물의 지하 마구간을 개조해 만든 공포체험관 '언인바이티드: 어웨이크닝'The Uninvited: Awakening 역시 그의 작품이다. 어린 시절, 할로윈 때마다 온가족이 집 꾸미기에 매달린 덕에 그의 집은 동네에서 가장 공포스러운 집으로 소문이 자자했었는데, 데일 역시 즐거웠던 그 경험을 떠올려 100만 달러 기업을 세웠다.

그는 보통 5월부터 할로윈까지 성수기 시즌에만 바쁘게 움직이며 관람지를 제작하고 시즌이 끝나면 여유롭게 보낸다. 나와 만났을 당시, 스물여섯 살의 데일은 파트너 한 명과 언인바이티드의 개장을 앞두고 하루에 18시간씩 일하며 바쁘게 지내고 있었다. 함께 체험관을 둘러보는 동안 그는 여러 세트장을 분주하게 오가며 꼼꼼히 여러 가지를 확인했다. 데일이 살펴보던 방 중 하나인 '세크리터리 룸'Secretary Room에는 좁은 공간에 갇힌 관람객 앞에 여자 한 명이 나타나 자신의 머리에 총을 쏘아 천장이 선혈로 뒤덮이는 장치가 준비되어 있었다. "제작 기간은 보통 9개월 정도입니다. 1월에 일을 시작해 3월이면 어느 정도 윤곽이 나오죠. 그럼 5월부터는 정신없이 바빠집니다." 개관을 앞둔 바쁜 시기를 제외하면 보통 그는 독립계약자로 구성된 팀원들과 함께 취미생활을 즐기듯 새로 만들 체험관을 구상한다.

그는 시간과 에너지를 효율적으로 관리한 덕분에 프로젝트를 시작하면 사소한 것 하나 놓치지 않는 집중력을 발휘한다. 데일이 자기 관리에 쏟았던 노력은 커다란 결실로 돌아왔다. "수입이 두 배가 되었습니다!" 후에 그가 보내온 이메일에는 이렇게 적혀 있었다.

데일은 소규모의 계약자들을 두고 1인 체제로 빅 드리머 프로덕션 Big Dreamer Productions을 경영하며 뉴욕을 포함한 여러 도시에서 총 여덟 개의 몰입형 공포 체험관을 관리하고 있다. 마지막으로 대화를 나누었을 때 그는 해외에서 열릴 새로운 프로젝트에 열중하고 있다고 전했다. 런던의 웨스트 엔드에서 연중무휴로 진행할 '언인바이티드: 디릴리움 디바이스'The Uninvited: The Delirium Device 때문이었다. 새 프로젝트에 들일 280만 달러의 투자 유치 때문에 그는 바쁘게 보내고 있었다. "연중무휴로 진행되는 이벤트에는 비용이 훨씬 많이 듭니다." 그러나 그가 하는 일은 충분한 투자 가치가 있는 일이었다. "계속 정신없이 바쁘겠지만 많은 사람들에게 새로운 경험을 선사하고 싶어요. 그리고 런던의 몰입형 극장 체험 역사에 한 획을 그을 수 있게 되어 무척 기쁩니다."

💰 일하는 시간을 단축하기 위한 작은 팁

100만 달러 기업인들 모두가 그렇듯 툴스포위즈덤의 라즐로 내들러 또한 일은 적게, 돈은 많이 벌게 도와주는 생산성 향상 도구를 적극 활용한다. 내들러가 꼽은 올해의 시간 절약 도구는 이메일 정리 시스템이었다. "지메일과 아웃룩에서 한 번만 설정하면 스팸에 시달릴 일이 없습니다." 원치 않은 이메일을 자동으로 분류하고, 때에 따라 보관함에 들어가 세일 상품 프로모션과 같이 필요한 메일만 찾아보면 된다.

지메일 설정 방법

1. 지메일 설정에서 검색 창의 아래 화살표를 클릭한다. 검색 기준을 입력한다.

2. '이 검색 기준으로 필터 만들기'를 선택하고 '포함하는 단어'에 '수신거부'를 입력한다.

3. '받은편지함 건너뛰기'(보관)를 선택한다.

4. 경우에 따라 '일치하는 대화에도 필터 적용'을 선택한다. (이 경우 지난 메일 모두에 적용된다.)

아웃룩 설정 방법

1. '중요하지 않은 메일' 등의 이름으로 폴더를 만든다.

2. 메일을 선택해 마우스 오른쪽을 클릭한 후 '규칙 → 규칙만들기'를 선택한다.

3. 창이 열리면 조건값을 입력한다.

4. 하단 창에서 조건을 선택한다.

5. 하단 창에서 필요한 동작을 선택한다.

6. 저장 버튼을 누른다.

이 방법을 쓰면 집중력을 방해하는 메일 70퍼센트를 정리하는 효과가 있다.

루트 2: 직업을 유지하고, 아껴 쓰고, 저축하라

직장을 그만두고 사업을 시작할 돈을 모으기 위해 검소하게 생활하는 사람도 있다. 미혼이며 사치스러운 삶과 거리가 멀었던 폴 헤드릭은 사모펀드 기업에서 일하는 동안 실수령액의 20~30퍼센트를 저축할 수 있었다. 그 덕분에 1년간은 일하지 않고 생활할 수 있을 정도의 여윳돈은 물론 창업에 필요한 수십만 달러의 자금도 준비했다.

이렇듯 꼼꼼하게 재정계획을 세우는 것은 고매출 1인 기업가들에게 낯선 광경이 아니다. "자신의 사업을 대하는 태도나 의욕이 정말 대단합니다." 캘리포니아주 월넛 크리크에 있는 독립형 노동인구 연구기관인 이머전트 리서치Emergent Research에서 파트너로 근무하는 스티브 킹Steve King의 말이다. "사업계획과 타깃 고객층, 예산까지 꼼꼼하게 계획합니다. 창의적인 분야에서 활약하는 기업인들 역시 마찬가지입니다. 독립형 근로자나 중소기업 오너라면 자신이 운영하는 비즈니스를 진지하게 생각해야 합니다."

머릿속의 아이디어가 실제로 수익을 창출하는 기업이 되기까지 예상보다 오랜 시간이 걸리기 때문에 수중에 현금을 갖고 있는 것이 중요하다. 폴 헤드릭의 경우 부츠의 종류와 제작자를 조사하는 데만 몇 개월이 걸렸다. 이 과정에서 가장 중요한 것은 부츠 제작자를 찾는 일이었다. 조사 끝에 그는 여러 메이저 브랜드의 부츠를 제작하는 멕시코의 레온으로 향했다. 그곳에서 헤드릭은 공장을 운영하며 유명 브랜드 기업과 팀을 이뤄 작업하는 부츠 장인들이 있음을 알게 되었다.

이후 사업 첫해에는 매달 일주일씩 레온에서 머물며 함께 상품 개발에 매진했다. 남성용 두 종류와 여성용 두 종류의 부츠만 판매할 계획이라 헤드릭은 유행을 타지 않는 클래식한 디자인을 선택했다. 그러나 장인들의 도움에도 불구하고 그가 떠올린 디자인을 실현하는 건 쉽지 않았다. "브랜드 출시까지 16개월이 걸렸습니다. 제가 생각했던 것보다 두 배나 걸렸지만 후회는 없어요." 지난날을 회상하며 헤드릭이 말했다.

그는 마케팅 비용을 절감하고자 제품 홍보를 위한 이메일 리스트를 구축하는 데 집중하며 현금을 최대한 절약했다. 출시에 앞서 6개월 전에 웹사이트를 만들고 가족과 친구들에게 방문을 요청한 후 메일 주소를 등록해 입소문을 퍼뜨렸다. 가족이나 지인이 이메일 리스트에 올릴 수 있는 새로운 친구를 데려올 때마다 '테코바스 적립금' 10달러를 지급했다. "적립금 지급은 많은 사람들을 홈페이지로 불러올 수 있는 간단하고도 경제적인 방법이었습니다." 소개료로 적립금을 지급한 전략은 들어맞았다. 사업을 시작한 후 몇 달 만에 그는 10만 달러 이상의 매출을 달성했다. 그는 디자인과 사진촬영 등 브랜드 이미지 구축과 직결된 분야에는 과감히 투자를 진행했다. "고급스러운 부츠 제작이 저희 브랜드의 차별점인 만큼 이미지를 잘 전달해야 했습니다."

테코바스의 매출이 10만 달러를 넘기자 그는 벤처기업 투자자와 함께 일하던 친구 브랜던 윈들Branden Windle을 동업자로 들였다. 윈들에게 기업의 성장과 마케팅을 맡기고 헤드릭은 사업에 박차를 가했다.

그는 당시의 상황을 이렇게 말했다. "시장에서 확실히 자리를 잡아야 할 시기라고 생각했어요."

　헤드릭의 경우 다니던 직장에서 높은 연봉을 받았기 때문에 다른 사람들보다 쉽게 창업 자금을 모을 수 있었다. 그러나 금융업에 종사하지 않아도 종잣돈을 만들 방법은 있다. 스파이가이를 창업한 앨런 월턴은 자신이 구상 중인 사업 아이템과 같은 보안카메라 매장에 취직한 후 검소한 생활로 사업 자금을 모았고, 창업 자본이 많이 들지 않는 전자상거래 사업을 선택해 비용 부담을 줄였다.

책임져야 할 가족은 물론 건강보험료까지 내야하는 상황이라면?

부양할 가족이 있다면 사업 자금을 모으는 일이 훨씬 어려워진다. 앞서 말했듯 나도 아이 넷을 키우며 겪었던 일이기 때문에 이 상황을 잘 알고 있다. 식료품을 사고 아이들 축구화를 사다 보면 지출이 순식간에 늘어나 저축은 꿈도 꿀 수 없다. 그렇다고 사업자금을 모을 수 없다는 이야기는 아니다. 자녀 양육에 따른 경제적 책임을 다하면서 사업에 투자하기 위해 노후 자금이나 퇴직금에 손을 대거나 배우자의 수입에 의존해서 생활비를 해결하는 사람들도 있다.

10년간 자영업자로 살아오며 브로커나 보험회사를 통해 여섯 식구의 건강보험을 들어왔기 때문에 미국 건강보험 시스템의 고통을 누구보다 잘 안다. 우리 가족의 경우 어느 시점이 되자 보험료가 월 3,100달러를 넘어섰고, 이후 공제율이 높고 세금 혜택을 받는 건강저축계좌Health Savings Account로 옮기며 그나마 현금 지출 부담을 줄일 수 있었다. 그럼에도 보험료는 월 2,000달러에 가까웠다.

우리 가족이 내는 보험료를 감당하기 어려운 가정이 많다는 것도, 스타트업을 운영하는 사람에게는 엄두도 내지 못할 비용이라는 것도 알고 있다. 남편이 기업의 법무팀으로 자리를 옮기며 회사 지원으로 보험을 해결하기 전까지 그것은 우리에게도 무척 부담스러운 금액이었다. 그동안 가족 모두가 허리띠를 졸라매며 생활했기 때문에 보험을 유지할 수 있었다. 해마다 보험료 인상을 알리는 우편물 봉투를 열 때마다 나는 숨이 막혔다. 한 번은 한 달에 600달러가 인상될 예정이라고 적혀 있었다!

미국 내 기업인들 가운데 부담적정보험법Affordable Care Act(오바마케어─옮긴이)에 따라 지원금을 받는 경우도 있겠지만 가족 총소득이 해당 기준보다 높거나 비싼 지역에 사는 경우라면 다른 방법을 찾아야 한다. 아래에 소개된 방법으로 미국 건강보험 시스템의 허점을 보완할 수도, 심각한 질병으로 인한 고통을 해결할 수도 없지만, 우리 가족은 적게나마 의료비 지출 부담을 줄일 수 있었다.

규칙적으로 운동하라

자신에게 맞는 운동을 하는 것이 좋다. 우리 가족의 경우 생활비 내에서 가능했던 선택지는 집에서 5분 거리에 있는 YMCA였다. 한 달에 100달러 정도의 비용으로 '패밀리 부트 캠프'부터 딸아이가 가입한 체조팀까지 흥미로운 수업을 다양하게 접할 수 있었다. 세련된 환경은 아니지만 집에서 가깝고 편리해서 가족 모두 꾸준히 다니고 있다.

건강한 음식에 투자하라

선진국에서 많은 사람들이 겪는 건강 문제는 어느 정도 식습관과 연관이 있다. 그중에도 가공식품과 설탕을 지나치게 많이 섭취하는 건 가장 큰 문제다. 우리 가족은 잘못된 식습관으로 인한 질병의 위험성을 최대한 낮추고자 가공하지 않은, 신선한 음식을 섭취하려고 노력한다. 코스트코에 가입한 덕분에 무려 여섯 명의 식구가 큰돈을 들이지 않고도 다양한 유기농 식품을 접하고 있다. (그전에는 유기농음식 협동조합의 조합원으로 가입해 식재료를 구매했는데, 이 역시 경제적인 대안이다.) 우리 부부는 외식을 자주하던 사람들이었지만 건강에 유해한 재료를 조금이라도 덜 섭취하기 위해 집에서 요리하는 횟수를 늘리고 있다. 가끔씩 외식을 할 때는 질 좋고 신선한 음식을 조리하는 레스토랑을 선택한다. 요리에 따라 비교적 저렴한 가격대에서도 건강한 레스토랑을 찾을 수 있다.

돈이 들지 않는 스트레스 해소법을 찾아라

아무리 작은 규모여도 사업을 운영하다 보면 많은 부담감과 스트레스에 시달리기 마련이다. 장기간 지속되는 스트레스는 건강을 해치는 주범이다. 가끔씩 마사지숍에 방문해 마사지를 받는데 35달러의 저렴한 가격으로 몸에 쌓인 긴장감 완화에는 효과적이었다. YMCA의 요가 수업 경우, 처음에는 수업이 정적이고 지루할까 봐 우려했지만 스트레스 해소에 아주 훌륭했다. 내게는 빈야사나 플로우 요가의 속도감이 알맞았다.

믿을 만한 대체의학 전문가들을 찾아라

널리 통용되는 치료법을 '따라야' 한다는 고정관념에 얽매여 환자에게 약을 과잉 처방하는 의사도 있다. 약을 정말 먹어야 할지 고민이 들면 나는 오랜 경력의 대체의학 전문 의사에게 2차 소견을 묻곤 한다. 이 의사는 현금 결제만 받으며 저렴하다고 볼 수 없는 진료비를 받지만 의사의 판단을 신뢰하기 때문에 찾아가곤 한다. 비싼 약값에 더해 발생 가능한 부작용까지 고려해본다면, 대체의학 전문의의 처방은 약물 부작용에서 벗어날 뿐 아니라 비교적 저렴한 의료비용으로 높은 치료 효과를 볼 수 있다. 보험 적용이 안 되는 의사에게 진료를 받는 것이 경제적으로 부담스러워 이 방식에 공감하기 어렵다면 보험사의 네트워크 안에 있는 의사 중 자신이 신뢰할 수 있는 의사를 찾는 것이 좋다. 나는 2년이나 걸려 최근에 내가 갖고 있는 보험을 받아주는 개원 접골사를 찾았고, 덕분에 2차 소견에 드는 비용을 줄일 수 있었다.

전략적으로 계획해 병원에 방문하라

검진을 통해 질병을 막을 순 없다. 하지만 정기검진을 받으면 큰돈이 드는 심각한 병으로 발전되기 전에 건강의 이상을 조기에 잡을 수 있다.

공제율이 높은 건강보험은 계약자의 본인부담 상한액이 높기 때문에 필요한 진료를 받지 못한다는 단점이 있다. (공제율이 높은 보험상품은 월 납입료가 낮아 저소득층에게 유리한 듯 보이지만,

계약자의 본인 부담 상한액이 높기 때문에 역설적으로 저소득층은 병원에서 치료를 받을 엄두도 내지 못한다.—옮긴이) 이때 자신의 보험에 따라 의료비 지출 계획을 짜면 도움이 된다. 예를 들어 나는 최근 건강 검진을 받느라 2,000달러나 썼지만, 이것은 건강저축계좌의 적립금으로 메울 수 있는 비용이었다. 검진 비용이 다행히 가입자부담금 항목에 포함되었기 때문에 가족들의 병원 진료와 검진을 함께 묶어 연간 우리가 부담해야 할 의료비 상한액을 비교적 빨리 채웠다. 지난해 의사들이 제안했던 진료 중 시급하지 않은 것들을 올해로 미룬 것도 이 때문이었다. 봐야 할 진료를 올해 모두 마쳤기 때문에 내년에는 의료비 지출이 크지 않을 거라고 기대하고 있다. 시급히 치료해야 할 경우라면 이 방법을 추천하지 않지만, 급하지 않은 진료나 검진 같은 경우는 위의 방법으로 의료비 지출 항목 부담을 줄일 수 있다.

캘리포니아주 치코에서 두 자녀를 키우는 57세의 조너선 존슨은 대기업 영업사원 출신으로 부동산 금융 일을 병행하며 두 개의 전자상거래 기업을 설립했다. 관계회사인 두 기업의 총 매출은 280만 달러에 달한다. 세계 경제 위기를 감지한 그는 자신이 속한 부동산 금융 업계의 몰락을 우려했고 새로운 수입을 찾아 사업을 시작했다.

그는 아이디어를 고민하던 중 과거 일했던 분야에서 비즈니스 아이디어를 찾았다. 부동산 금융 일을 하기 전 제약회사 영업사원으로 근무했던 경험을 살려 교도소에 의료품과 교도관이 사용하는 장비를 납품하는 비즈니스를 떠올렸다. 더불어 헬멧 등 전경이 사용하는 장비뿐 아니라 전염 가능성 있는 혈액으로부터 의료진을 방어하는 보호 장비 판매도 염두에 두었다. 부동산 금융 회사에 몸담고 있었지만 디렉트거브 소스DirectGov Source의 사업자를 해당 주에 등록하고 연방정부의 의료기기 조달하는 다품종 소량 도매업자로 이름을 올렸다.

"2주가 지나자 캘리포니아주 세무국에서 주문이 들어왔습니다. 제세동기를 사고 싶다는 연락이었죠. 모델번호와 부품번호, 수량까지 필요한 걸 정확히 주문했습니다. 그렇게 시작되었죠." 그는 서둘러 사업용 비자 카드를 개설하고 판매할 상품을 구입했다.

직장에 다니고 있었지만 새로운 수입원이 간절했던 그는 하루 평균 100여 통의 전화를 전국 각지의 경찰서에 돌리며 자신의 사업을 소개했다. 직장에서는 부하직원들이 모두 자진 퇴사를 하거나 해고되어 지점장인 존슨 혼자 사무실을 지키던 때였다. 지역 담당자가 전화로 지점 폐쇄를 알릴 때 그는 준비를 마친 상태였다. "자리를 옮길 준비가 되어 있었어요. 10개월 전부터요. 문제가 없었습니다."

사업 첫해에는 가족 생활비 대부분을 저축해둔 돈과 아내의 수입에 의존했다. 총매출액이 3만 달러에 수익은 8,000달러였다고 당시 상황을 이야기했다. 부부에게는 10대 아들 둘이 있었다. "당시에는 격정이 많았다."고 말했지만 별다른 방도가 없었다.

존슨의 창업을 한결같이 지지하던 아내 다이애나 $_{Dyana}$가 어느 날 그에게 정말 괜찮을지 물어왔다. "저도 내심 불안했습니다. 그러다 캘리포니아 고속도로 순찰대에게 납품 계약을 따냈습니다. 그제야 마음이 놓였죠." 새로운 제품이 판매될 때마다 다른 지역의 경찰도 관심을 가질 제품인지 살펴보았다. 경찰서 한 곳에서 어떤 장비를 쓰기 시작하면 다른 서에서도 그 제품을 따라 쓰기 시작하는 현상을 발견했기 때문이다. "그때부터 사업이 커지기 시작했습니다."

사업에 집중하기 위해 사업계획서를 작성했던 그는 아직도 그 계획에 충실한 운영방침을 유지하고 있다. 첫 번째 웹사이트를 개설하고 2년 후 그는 두 번째 웹사이트 PPEKits.com을 만들어 개인 및 의료진을 위한 보호장비만 전문적으로 판매하고 있다. 정부 관련 고객의 경우 맞춤형 감염방지 키트를 찾고 있다는 사실을 알게 되었고 그는 필요한 장비만 선택해 하나의 세트로 주문할 수 있는 옵션을 추가해 다른 업체와 차별성을 두었다. 주문이 늘어 둘째 아들이 차고에서 밤늦게까지 물품을 키트 안에 넣는 작업을 도와주었지만 수요를 감당할 수 없어 신체적 장애가 있는 근로자들이 속한 기업에 그 작업을 맡겼다. 사업이 계속 커지자 그는 주문처리와 회계경리 일을 도와줄 사람이 필요했고, 인력 파견업체를 통해 어시스턴트 한 명을 구했다. 그는 재택근무를 접고 42평대의 창고형 사무실로 일터를 옮겼다.

"회사의 성장을 멈출 방법은 없습니다. 한 번 성장하기 시작하면 무섭게 커집니다. 마음을 단단히 먹어야 해요."

존슨은 창업 자본이 넉넉하지 않았기 때문에 재고를 많이 확보하지 않는 방향으로 사업체를 운영했다. 때문에 대부분의 주문처리 과정을 드롭시퍼drop shipper에게 일임했다. "제 사업의 90퍼센트 가량이 드롭시핑으로 진행됩니다." 다시 말하면 정부 에이전시에서 500개의 상품 주문이 들어오면 그는 제조업자에게 해당 수량을 주문하고 제조업자가 상품을 고객에게 직배송하는 구조다. 존슨이 우선적으로 제조업자에게 비용을 지불하고 추후 정부의 결제를 받았다. "정부와 거래할 경우 지급이 늦을 순 있지만 돈을 못 받을 일은 절대로 없습니다."

사업 시작 후 3년이 지나자 그는 은행에서 라인 오브 크레딧 대출 자격을 얻어 거래처의 지급이 늦어지더라도 현금 흐름에 타격을 입지 않게 되었다. 처음 설정된 한도액은 2만 5,000달러였으나 주거래 은행 한 군데를 집중적으로 이용해 사업을 키운 덕분에 한도액이 25만 달러까지 늘어났다. 연방정부를 고객으로 둔 것도 큰 이점이었다. "안정적인 고객 확보는 은행이 중요하게 생각하는 요소입니다."

고객에게서 결제가 늦어지는 와중에 공급자들에게 비용을 지불해야 할 때 라인 오브 크레딧 제도가 그에게 든든한 안전망 역할을 해주었다. 하지만 여전히, 은행 돈을 쓴다는 부담감 때문에 함부로 손을 대진 않는다.

"꼭 필요할 때만 대출을 받습니다. 직원 월급이나 중요하지 않은 일 때문에 쓰진 않아요. 재고를 구비할 때도요." 그는 상황이 여의치 않아

제조업자와 공급자에게 제때 돈을 지급하기 어려울 때만 이 제도를 사용한다. 고객 만족도를 높이려면 우선 그들과 신뢰를 쌓아야 하는 걸 누구보다 잘 알기 때문이다.

과학기술의 접근성이 높아지고 창업비용이 감소함에 따라 우리가 예상한 것보다 적은 금액으로 사업을 시작할 수 있게 되었다. 사업 구상과 시장조사를 마치고 이제 진지하게 임할 준비가 되었다면 돈을 투자할 차례이다. 지금껏 당신이 해본 그 어떤 소비보다 현명한 투자가 될 것이다.

🫰 자유로운 삶을 위한 일시적인 주말 투자

조너선 존슨과 마찬가지로 라즐로 내들러는 직장과 양육을 병행하며 사업을 시작해 눈부신 성공을 거두었다. 이 성공은 어떻게 가능했을까? 내들러는 몇 년 동안 주말에 따로 시간을 내어 집중적으로 사업을 추진하고, 회사에서는 업무 시간을 조금씩 줄여나갔다. 시간을 효율적으로 관리한 비결은 무엇이었을까? 불필요한 이메일 처리 작업이나 (두 개의 웹페이지 시안 가운데 소비자가 선호하는 최적안을 고르는) A/B 테스팅 등 중요하지 않은 업무를 줄이는 방법을 지속적으로 모색했다. (A/B 테스팅에 대해선 제5장 204쪽 참고) 내들러는 투잡 생활은 그저 일시적인 것이며 지루한 회사원의 삶을 벗어날 자유를 위해 장기적인 투자라고 믿었다.

예전의 내들러가 그랬듯 당신이 현재 두 가지 역할을 해내는 중이라면 사업에 투자할 시간을 앗아가는 일을 찾아 완전히 제거해 업무 부담을 줄여보라. 약속 일정을 잡는데 너무 많은 시간을 허비한다면? 스케줄원스ScheduleOnce와 같은 저렴한 스케줄링 앱을 활용하면 내 업무 스케줄표가 상대방에게 공개되고 상대방이 원하는 일정을 직접 고를 수 있어 번거로운 일이 줄어든다. 무료 국제전화 서비스의 연결이 고르지 않아 자꾸 끊겨 시간이 낭비된다면? 무료 서비스 글로바파이Globafy를 이용하면 전화를 거는 사람은 물론 해외에 있는 수신자에게도 현지의 시내 번호로 연결되어 전화 회의가 쉬워진다. 메일 수신확인 작업으로 시간을 낭비하고 있다면? 지메일 무료 확장 프로그램인 스트릭Streak은 보낸 메일의 실제 수신 여부를 확인하게 해줄 뿐아니라 놓치기 쉬운 이메일 업무를 한눈에 확인하게 해준다. 그래서 프로젝트 등 중요 업무 관리가 쉬워진다. 조금만 검색해보면 번거로운 일을 대신 처리해주거나, 시간 효율성을 높이는 애플리케이션을 찾을 수 있다. 심지어 제때 비용을 지불하지 않은 고객에게 공손한 요청을 해도 회신이 없을 땐 윌리엄스&해릭스_{Willams & Harricks}라는 앱을 활용해 독촉장을 발송할 수도 있다. 사업 운영에 필요한 리서치 작업, 애플리케이션 검색까지 더해져 피로하지만 긍정적으로 생각해야 한다. "지루하고 재미없는 일이지만 질문을 바꾸면 훨씬 신나는 프로젝트가 됩니다. 내 삶의 질을 높이는 데 도움이 될 창의적인 아이디어가 뭘까? 이렇게요." 내들러의 말이다.

재충전의 시간을 마련하기 위해선 사업 운영상 어느 정도의 투자와 장치가 필요하다. 내들러는 무서운 속도로 성장하는 사업에 여가 시간을 빼앗기지 않기 위해 온라인 어시스턴트를 고용했고 자동화 서비스도 활용하고 있다. "고객 이메일을 자동화하여 각 고객에게 맞춤형 레터가 전달되고 메일을 받은 고객들은 제게 직접 회신을 보낼 수 있습니다." 덕분에 메일링 리스트 구축과 관리가 훨씬 쉬워졌다. 내들러가 적극적으로 관리하지 않았다면 플래너의 판매 창구인 대형 온라인 상점에서 고객 관계의 주도권을 가져갔을지도 모를 일이었다.

루트 3: 투자자를 찾아라

몇 날 며칠을 싸구려 인스턴트로 끼니를 때우며 허리띠를 졸라매도 사업자금은 부족할 수도 있다. 그럴 때는 후원자를 찾아야 한다. 폴 헤드릭은 자금이 바닥나자 운영 중인 초경량, 고수익 기업이 외부 투자자에게 매력적인 투자처로 보일 수 있겠다는 생각이 들었다. 그는 사업을 운영하며 알게 된 엔젤 투자자(자본이 부족한 창업 기업에 자금을 지원해주는 개인투자자—옮긴이)들을 찾아 다녔다. 투자자들을 상대로 회사의 지분 소규모를 현금으로 매도했고, 이후 한 차례 더 발생한 거래에서 120만 달러 이상을 유치한 결과, 지분거래를 통한 자본 조달로 총 180만 달러 이상의 투자금을 마련했다. 투자금 일부로 그는 인력을 채용했다. 1년간 사업을 운영하며 홀로 멕시코의 부츠 제작 일까지 관리하기가 벅차다는 걸 경험하고는 현지의 생산 관리 책임자를 고용했다. 더불어 재무 업무를 맡을 직원과 고객 관리팀 직원을 세 명 들였다. 이후 매출이 수직상승했고 사람을 충원한 것이 결과적으로 도움이 되었다.

공포체험관 제작자인 돌턴 데일은 과거 브로드웨이 무대 제작 경험을 살려 연극계 지인들에게 무작위로 전화를 돌려 고급체험관 제작에 필요한 100만 달러 투자처를 찾았다. "한 달 안에 100만 달러를 만들어야 했습니다." 심한 압박감은 그에게 오히려 큰 동기가 되었고, 투자자들에게 신뢰감을 주기 위해선 필요한 절차에 따라 자신 역시 어느 정도의 투자를 감행할 각오까지 했다. 투자자에게 보일 서류를 만드는 데 수수료만 무려 2만 5,000달러가 들었지만 기꺼이 투자했다.

변호사 앤드루 셔먼Andrew Sherman의 저서 《자본 조달》Raising Capital을

포함해 투자자를 상대하고 투자금을 유치하는 방법에 훌륭한 가이드가 되는 도서가 시중에 많이 있다. 금융업계에 지인이 많지 않거나 낯선 사람에게 전화를 걸어 투자를 요청할 담력이 없다면 친구와 가족에게 자금을 빌리거나 자신의 기업 일부를 투자자에게 매각하는 것은 현실성 높은 대안이다. 다만 빌린 돈을 갚지 못해 인간관계가 망가지는 것은 피해야 한다. 또한 해당 분야에 경력이 많은 변호사에게 안전한 지분 거래 비율에 대한 법률 조언을 구하고 오너인 자신이 기업의 통제권을 잃는 상황은 반드시 피해야 한다.

루트 4: 자금 마련의 다양한 길을 모색하라

지분을 매각하는 방법 외에도 투자금을 유치할 방법은 많다. 비즈니스 아이디어가 매우 창의적이라면 상금이 걸린 사업 계획 경진대회에 출전해 자금을 마련하는 것도 좋은 방법이다. 다양한 지역에서 경진대회를 주최하는데 보통은 지역 내 대학교와 연계해서 진행하는 경우가 많다. 사업계획경진대회(bizplancompetitions.com)등의 웹사이트나 검색 사이트에서 자신이 참가할 수 있는 콘테스트를 검색할 수 있다. 내가 아는 기업인들 가운데 이런 대회에 주기적으로 응모하는 사람들이 많다. 훌륭한 아이디어가 있는 사람은 여러 대회에서 우승을 거머쥐기도 하고, 우승과 더불어 증정된 상금은 추후 반환하지 않아도 된다. (상금에 해당하는 세금은 내야 하므로, 담당 회계사와 상의해 세후 사업 자금으로 얼마를 쓸 수 있는지 계산해두는 게 안전하다.) 높은 상금을 내건 대회 가운데 무려 수십만 달러에 달하는 상금을 지급하는 곳도 있다. 대회에 따라 우승자는 대회 스폰서에게 얼마간의 회사 지분을 제공해야 하는 조건도 있으니 참가 전 득과 실을 따져봐야 한다.

사업이 자리를 잡기 전까지 은행 대출은 까다롭기 때문에 이것은 그리 현실적인 대안은 아니다. 한편, 신용이 좋고 신용카드를 사용하는 경우라면 은행 대출도 고려 대상이 된다. 스타트업 창업자들 가운데 다수가 이 방법을 쓰기도 한다. 신용등급이 훌륭하다면 일부 기간 동안 이자가 발생하지 않는 대출도 가능하기 때문에 대출 금액을 가능한 낮게 유지하는 데 큰 도움이 된다.

대출을 생각할 경우 본인의 채무 상환 능력을 벗어나지 않는 선에서 진행해야 한다. 개인사업자 신용카드 사용에 대해 많은 사람들이 간과하는 부분이 바로 카드 발급 단계에서 서명한 서류 가운데 소유주에게 사업자 카드의 부채에 대한 책임이 있음을 공지한다는 점이다. 개인 보증 절차 없이 사업자 신용카드를 발급받기란 불가능하다. 쉽게 말해 사업이 파산을 해도 개인이 카드 대금을 납부해야 하고 수입원이 사라진 이상 채무를 변제하는 일이 어렵게 된다는 의미다.

나는 몇 년째 한 웹사이트의 Q&A 칼럼을 통해 신용카드에 관한 문의에 답하고 있다. 내가 받은 사연 가운데 가장 비극적인 이야기는 이미 몇 년 전에 사업에 실패해서 신용카드 한도액을 모두 써버리고 현재도 카드빚을 갚느라 무척 시달리거나, 그마저도 못해 채권자들에게 쫓기는 사람들이 보내온 글이었다. 최근 몇 년간 파산법이 더욱 까다로워져서 상황이 아무리 절박해도 빚을 갚지 않을 방법은 없다. 따라서 채무의 늪에 허덕이게 될 상황을 아예 만들지 않는 것이 현명하다.

시간을 두고 사업체를 키우며 현금을 기업 성장에 재투자하는 방식이 가장 안전하다. 기업가라고 하면 보통 돈을 펑펑 쓰는 이미지를 떠올리지만, 실상 대부분의 100만 달러 기업인들은 대출에 보수적이라 꼭 필요한 때가 아니면 대출은 쳐다보지도 않는다. "저는 채무를 반대anti-debt하는 입장입니다." 뒤에서 만나게 될 100만 달러 매출의 전자상거래 기업인 맷 프릴Matt Friel의 말이다. "저는 가급적 선불로 지급하는 편입니다. 재고 구입도 현금으로 계산합니다." 프릴의 운영방침에는 분명 이점이 있다. 지불이 빠른 프릴에게 공급자들은 재고를 1순위로 확보해준다.

자본금 확보에 크라우드펀딩 역시 눈여겨볼 만하다. 사전 판매를 진행하는 킥스타터나 인디고고 등의 사이트가 실제 생산 자금 유치에 좋은 통로이다. 후원형 사이트에서 참가 기업인은 목표금액을 달성해준 후원자들에게 보답품을 배송해야 함으로 이 금액은 단순한 기부금이 아닌 하나의 거래로 생각해야 한다. 박물관 멤버십을 가입한 사람에게 캔버스 가방을 가입 선물로 보내는 것과 비슷한 이치이다.

기부금을 받는 조건으로 보내는 선물이 부가서비스처럼 느껴질 수 있겠지만, 실제로 후원자들은 전자상거래 상점에서 결제를 했으니 제때 상품이 배송되길 기대한다. 사업 경험이 전무한 사람이라면 상품 제작 과정에서 예상치 못한 난관에 맞닥뜨려 후원자들의 기대치를 충족시키지 못할 경우가 생기기도 한다. 이 경우 어렵사리 형성된 팬들에게 큰 실망감만 안길 수 있다. 후원형 크라우드펀딩 사이트를 통해 자금을 유치하고자 한다면 의사소통 전략을 제대로 세워 진행상황을 후원자들에게 명확히 전달하는 것이 중요하다. 웹사이트에 경과를 보고하고 전략적으로 이메일을 작성해 후원자들에게 발송하면 좋다. 그렇게 하지 않으면 당신은 온종일 항의 메일에 시달리게 될 것이다.

크라우드펀딩 중 하나는 투자자들에게 지분을 판매하는 방식이다. 대인관계가 넓지 않아 투자처를 찾기 어려운 경우라면 지분투자형 크라우드펀딩 사이트를 활용해 개인 투자자들을 찾아다니는 수고를 덜 수 있다. 하지만 지분을 판매하기로 결심했다면 해당 거래에 경력이 많은 변호사의 조언을 구하는 편이 안전하다. 사업을 시작하며 돈에 굶주려 기업의 향후 미래 가치를 제대로 판단하지 못해 너무 적은 금액에 너무 많은 지분을 팔아버리는 기업인들을 자주 볼 수 있다. 이렇게 되면 사업이 어느 정도 자리를 잡은 후에는 반드시 후회하게 된다. 또 하나, 기업의 가치를 스스로 과대평가하는 기업인들 역시 많다. 이런 기업인들은 불합리한 요구조건을 내걸어 투자자와의 거래를 망친다. 현명한 자문가를 곁에 둔다면 필요한 만큼의 자금을 확보하는 동시에 거래 관계에서 유리한 조건을 선점할 수 있다.

실험하고 수정하고 다시 실험하라

사업을 시작하려면 현금 유입이 가능한 출처를 여러 개 만드는 것이 중요하다. 왜냐하면 사업체를 운영하며 기업인이 하게 될 선택과 시도가 모두 성공하리란 보장이 없기 때문이다. 판매할 상품을 만들고 생존할 수 있는 기업을 세우기까지 수차례 실험과 수정이 필요할 수도 있다. 제품 중심 기업의 오너는 제대로 된 상품을 출시하기까지 끝없는 수정 작업이 필요하다는 것을 경험으로 알고 있다. 다양한 제품 버전이 나올 수 있도록 시간을 써야 하고, 이 실험에 기꺼이 투자할 자금도 있어야 한다. 그 실험은 버전 2.0으로 끝나지 않을 수도 있다. 어쩌면 버전 99.0까지 갈지도 모른다.

서른 살의 맷 라캐스Matt LaCasse는 실험에 실험을 계속하며 사업을 성공으로 이끌었다. 어느 날 아침 눈을 뜬 그는 팬케이크가 먹고 싶었지만 곧 이런 생각이 들었다고 했다. "'물만 넣으면' 요리로 변하는 인스턴트 식품은 왠지 역겹기도 하고 건강에도 나쁘잖아요." 라캐스와 스물아홉 살의 아내 리지 애커먼Lizzy Ackerman은 건강한 팬케이크 가루를 개발해보기로 결심했다. 대학생 때 만나 부부가 된 두 사람은 직접 팬케이크 반죽을 만들어 실험을 시작했다. "팬케이크 믹스에는 누구도 혁신이란 걸 하지 않습니다." 라캐스가 말했다. 실험을 거듭한 끝에 훌륭한 제품이 탄생되자 자신감을 얻은 부부는 6년 전 변호사를 고용하고 저축해둔 예금을 자본으로 버치 벤더Birch Benders 주식회사를 설립했다.

부부는 회사 설립을 위해 변호사를 고용했지만 창업에 있어 반드시 변호사가 있어야 하는 건 아니다. 비즈파일링Bizfilings이나 리갈줌LegalZoom. com 외 여러 사이트에서 기업체 설립에 필요한 도움을 받을 수 있다. 기업의 형태에 따라 법적, 재무적 책임이 다르고 세금도 달라지기 때문에 변호사와 회계사에게 전문적인 조언을 구하는 것이 현명하다.

버치 벤더는 홀푸드Whole Foods, 타깃, 숍라이트ShopRite 등의 상점을 통해 전 세계적으로 상품을 판매하며 연매출 100만 달러, 아니 1,000만 달러의 매출을 넘보고 있다. 부부는 버터밀크 등 일반적인 팬케이크 레시피를 벗어나 비건, 팔레오, 글루텐 프리, 고단백 등의 다양한 버전을 개발했다. 이외에도 파트너사와 협력하여 여러 가지 새로운 제품을 개발했는데 그중 하나는 타깃과의 제휴를 통해 탄생한 펌킨 스파이스 믹스였다. 그러나 이렇게 성공을 거두기까지는 시간이 꽤 걸렸다.

타깃 고객층의 목소리에 귀를 기울여라

부부가 팬케이크 믹스 개발에 열을 올릴 당시 수학을 전공했던 맷 라캐스는 팜 투 테이블 레스토랑(식재료 재배에서 요리까지 함께 운영하는 레스토랑―옮긴이)에서 근무하고 있었고 리지 애커먼은 유기화학을 공부하던 중이었다. 두 사람 모두 식품제조업에는 경험이 없었다. 그래서 이상적인 재료의 맛을 찾기 위해 더블 블라인드 테스트(참가자만 모르는 싱글 블라인드 테스트와 달리, 테스트에 관련한 인원 모두가 제품 정보 없이 진행되는 완벽한 블라인드 테스트―옮긴이)로 맛을 감별했다. "정해진 레시피 안에서 성분 하나하나를 따져 최선의 재료를 선택했는지 엄격히 확인하는 과정을 거쳤어요." 애커먼이 설명했다.

그들은 보통 사람이라면 포기했을 정도의 수많은 실패를 한 뒤에 제대로 된 레시피를 탄생시킬 수 있었다. 홀푸드와 합작으로 만든 팔레오 믹스의 경우 "아흔아홉 번째 레시피였다."고 애커먼은 전했다.

환경이 여의치 않았던 부부는 셋집에 딸린 주방을 연구실 삼아 작업을 시작했는데 이 사실을 알게 된 집주인은 경악했다. "열여덟 개짜리 바퀴가 달린 운반대가 집 앞 진입로로 들어오는 순간 집주인에게 들켜버리고 말았습니다." 라캐스가 전했다. 전자음악 밴드멤버인 룸메이트가 연주하는 색소폰 소리를 배경음악 삼아 집에서 업무 관련 통화를 할 때도 많았다. 그러나 어떤 어려움에도 그들은 굴하지 않았다. "정말 말도 안 되는 날들이었어요."

매출을 높이기 위해 지역 내 홀푸드 마트에서 부부는 홍보 행사를 열었다. "아침에 일어나서 하루에 두세 건 판촉시연 행사를 했어요." 이런 활동을 통해 고객과 소통하며 제품에 대한 전반적인 피드백을 얻어 나갔다.

상품 포장도 진화해야 한다

라캐스와 애커먼은 홍보 행사를 하는 동안 버치 벤더의 상품가가 시중가에 비해 높게 형성되어 있다는 것을 깨달았다. 요인은 유리병 패키징이었다. 이후 포장 용기를 지퍼백으로 교체해 포장 디자인을 새로 수정하려고 몇 번 시도했지만, 끝내 전문 브랜딩 에이전시에 작업을 의뢰하기로 했다. 나와 만났을 당시 '버치 벤더'는 패키지 버전 5.0 단계였다. 특이한 그림과 캐릭터로 브랜드명에 얽힌 이야기를 표현한 포장지였다. 버치 벤더라는 브랜드명은 메인주에서 자란 라캐스가 자작나무를 타며 즐겨하던 놀이에서 유래한 이름이다.

상품의 인지 가치에 따라 적정한 가격을 선정하라

24온스(약 680그램)의 제품 판매량이 좋지 않아 부부는 제품 용량에 대한 실험도 계속 이어갔다. 16온스(약 450그램)로 중량을 줄여 가격접근성을 높인 후에야 시장 반응이 오기 시작했다.

그들은 제품 가격도 끊임없이 고민했다. 고급 식재료를 사용한 탓에 대중 브랜드보다 가격이 높을 수밖에 없었다. "가격이 굉장히 중요했습니다." 라캐스가 설명했다. 현재 홀푸드에서 글루텐 프리, 팔레오, 고단백 등의 기능성 믹스는 16온스 패키지에 소매가 5.99달러로, 펌킨 스파이스와 클래식 종류는 4.99달러에 판매한다. 새로 나온 비유전자변형, 비유기농 믹스는 24온스 용량으로 일반 식료품점에서 3.99달러에 판매한다.

부부가 상품을 대상으로 다양한 실험을 감행했다는 것은 다른 중요한 일들을 뒤로 미뤘어야 함을 뜻했다. 이들을 만났을 때 내게 떠난다고 알렸던 신혼여행도 뒤로 미뤄야 했다. 결혼 후 1년이 지났음에도 신혼여행을 가지 못했지만 부부는 그것을 사소한 불편으로 생각했다.

"아이디어와 꿈이 결실을 맺는 걸 지켜보는 과정 자체가 우리에겐 커다란 보상이었으니까요."

제작, 주문, 배송 처리 과정을 외부에 맡겨라

부부가 제품 생산과 포장을 외부 제작업체 코패커copacker에 맡긴 덕분에 사업 시작 3년 후 매출은 100만 달러 이상이 되었다. 그 후 법인을 설립하며 규모가 커지기 전까지 무리 없이 2인 체제의 초경량 스타트업 형태를 유지할 수 있었다. 100만 달러의 매출을 올리는 식품업계의 여타 기업인들과 마찬가지로 이들 역시 직접 제조보다 코패커에 작업을 의뢰하는 편이 비용 면에서 훨씬 효율적이라는 것을 깨달았다. 이들이 식품 대기업만큼 규모의 경제에 대해 전문 지식이 없기 때문이었다. 현재는 직원 다섯 명을 둘 정도로 규모가 커졌으나, 계속 사업을 확장함에 따라 직원을 더 늘릴 계획도 있다. 그럴려면 두 사람의 자본만으로 모든 걸 해결할 수 없었다. 부부는 볼더 푸드 그룹Boulder Food Group과 다른 투자자들에게 두 차례의 투자금 유치에 성공했다.

라캐스와 애커먼은 일이 너무 커질 것을 우려해 사업 시작 단계부터 직접 제품을 생산할 계획이 없었다. 처음부터 외부 제작업체를 찾을 생각이었다고 애커먼은 설명했다. 그러나 고작 1,000여 개의 제품을 생산해줄 제작업체를 찾는 게 문제였다. 전국에 있는 코패커에게 전화를 돌리며 문의를 했을 때 "코웃음을 치는 사람도 있었다."고 애커먼은 밝혔다. 처음에는 같은 지역 내 업자와 일을 시작했지만 이내 캘리포니아에 있는, 규모가 큰 업체로 거래처를 바꾸었다. 캘리포니아 업체는 버치 벤더의 브랜드를 신뢰하며 몇 년이나 소량 발주를 마다 않고 받아주었다. 이후 부부는 안전한 제품 공급을 위해 사업의 가외성을 확보하고자 시카고에 있는 코패커와 추가로 계약했다. 포장식품 업계는 일반적으로 재료값과 제조 및 패키징 비용, 운송비를 제하면 순이익률이 40퍼센트 가량 된다. "순이익을 40퍼센트 이상으로 끌어올리고 싶지만 그러려면 연구가 많이 필요합니다." 라캐스의 말이다. 이후 버치 벤더의 매출이 성장해 재료를 대량으로 구매하기 시작하자 이것이 순이익률을 높이는 요인으로 작용하기도 했다.

팬케이크 사업이 잘 되자 부부는 새로운 상품으로 눈을 돌렸다. "팬케이크 외에도 구상 중인 것이 많아요."

효과 있는 채널에 집중하라

사업을 시작한 후 상품이 실제로 판매되는 걸 보면, 특히나 사업이 처음인 사람은 마치 기적이 일어난 것 같은 기분이 든다. 그러나 지속적으로 매출이 발생한다면 요행이나 초심자의 행운으로 여길 수는 없다. 아마도 그것은 뭔가를 제대로 하고 있다는 증거일 것이다. 시장에서 좋은 반응을 얻는 이유가 무엇인지 분석하고, 그것에 더욱 힘을 싣는다면 직원을 두지 않고도 매출을 크게 성장시킬 수 있다. 1인 기업인이 채택할 수 있는 방법은 많다.

소셜 광고

카우보이 부츠 판매자인 폴 헤드릭은 테코바스 웹사이트로 고객을 불러들이는 데 어느 정도 성공한 이후 회사의 온라인 인지도 구축을 위해 페이스북과 구글 유료광고에 투자했다. 초반에는 직접 광고를 관리했지만, 결국 소셜 미디어 광고 전문가를 고용해 웹사이트로 신규고객 유치를 노렸다. 그 후 전문 컨설턴트의 도움으로 고객 유치에 도움이 되지 않는 불필요한 광고에 헛돈을 쓰는 위험을 줄일 수 있었다. "전문가를 채용해 회사 내부에서 관리할 수 있는 규모가 되기 전까지는 에이전시나 컨설턴트의 도움을 받는 편이 좋습니다." 헤드릭이 조언을 덧붙였다.

대형 온라인 소매점

몇몇 100만 달러 기업인들은 거대 온라인 소매 사이트에서 인지도를 쌓으며 회사의 영향력을 확대해나간 것이 유효했다고 밝혔다. 이 지런치박스의 켈리 레스터가 바로 여기에 속했다. 본인이 운영하는 웹사이트에서 판매를 시작할 당시 그녀는 두터운 고객층을 확보하는 데 성공했지만, 규모가 큰 사이트와 파트너를 맺자 사업 성장에 더욱 박차를 가할 수 있었다. 거대 온라인 소매점에서 제공하는 벤더 프로그램vendor program에 가입한 것은 적중했다. 순식간에 레스터의 상품이 수백만 명의 고객에게 노출되는 효과가 있었다. 사이트에서 제공하는 주문배송 처리 서비스보다 이 벤더 프로그램이 레스터에게 큰 경제적 이익을 가져다주었다.

상품에 알맞은 플랫폼을 선택하라

현명한 소셜 미디어 활용은 100만 달러의 1인 기업을 만드는 데 훌륭한 도구가 된다. 실제로 100만 달러의 기업인들은 타깃 고객층이 실제로 많이 활동하고 가장 중요하게 생각하는 플랫폼이 무엇인지 파악하고, 그 플랫폼에 집중해 시간과 돈이라는 비용 대비 투자수익율이 높은 고객층에 많은 노력을 쏟는다.

몇 번의 실험과 전략적 사고는 반드시 필요하다. 페이스북에 광고를 올리면 수많은 고객이 유입될 수 있지만 할인가를 노려 한 번만 구매하고 마는 고객들만 있다면 다른 플랫폼을 찾는 편이 낫다. 금전적 여유가 있는 고객을 노린다면 항공기 마니아들이나 고급 와인 애호가들이 모이는 니치 시장의 웹사이트를 주목해야 한다. 자신의 비즈니스 아이디어에 가장 효과적인 플랫폼을 찾기 위해선 여러 번의 실험을 할 수밖에 없다. 자신의 사업 분야에 있는 지인들에게 타깃 고객층이 선호하는 사이트를 물어보면 본인이 생각지도 못한 새로운 플랫폼을 발견할 수도 있다.

비즈니스에 가장 큰 이익을 가져다 줄 플랫폼이 무엇인지 분석을 마쳤다면 한 군데 혹은 두 군데에만 집중적으로 홍보를 하는 것이 좋다. 해당 플랫폼에 포스팅을 자주하는 등 활발히 활동하며 자신의 존재감을 인식시키면 탄탄한 브랜드 인지도를 쌓아나갈 뿐 아니라 현고객 및 잠재 고객들과도 소통의 끈을 이어나갈 수 있다.

소셜 미디어 인플루언서와의 관계를 형성하라

켈리 레스터는 브랜드 스토리를 시장에 전달할 때 소셜 미디어의 덕을 가장 많이 봤다. 이지런치박스를 갓 시작했을 때 그녀는 온라인에서 가장 인지도가 높은 브랜드를 알아보기 위해 여러 검색 엔진에 점심 용기나 도시락 통을 키워드로 검색했다. 구글에서 가장 높은 랭킹을 차지한 브랜드가 일반 블로그에서도 자주 언급된다는 사실을 발견했다. "소셜 미디어에서 언급되는 정도와 백링크(외부 사이트에서 해당 홈페이지로 유입되는 링크—옮긴이) 현황이 구글 검색 순위에 영향을 끼치는 거죠." 브랜드가 자주 언급되고 인용될수록 검색 결과 페이지 상단에 노출되는 구조였다.

블로거의 활동이 중요하다는 것을 깨달은 후 레스터는 이들의 주목을 끌 방법을 생각했다. "블로거들과 일대일로 관계를 형성해나가기 시작했어요. 사적으로요. 굉장히 친근하게 다가갔죠. 아이를 키우는 같은 처지의 엄마로서 글을 남겼어요. 제가 정말 좋아하는 블로그에는 이렇게 쓰기도 했죠. '사진이 정말 예뻐요. 행복한 가정이네요, 제 사이트에 사진을 올리고 싶은데 그쪽에게도 도움이 될까요?' 기업인이 아닌 한 명의 친구처럼 접근했어요."

이런 접근법은 비즈니스에 큰 역할을 했으며 좋은 친구들을 사귈 수 있는 기회가 되었다. "그저 작은 1인 기업일 뿐인데도 그들이 보기에 큰 회사의 오너처럼 보였나 봐요. 직접 다가가 소통하니 대다수의 블로거가 기쁘게 받아들였어요. 초기에 접촉을 시도했던 블로거들과는 여전히 좋은 친구로 지내고 있어요. 지금도 이지런치박스의 든든한 서포터로 제품을 공유해줍니다. 블로거들의 활동이 거미줄 같은 파급력을 발휘했어요."

소셜 미디어의 비주얼 콘텐츠를 활용하라

끊임없이 변화하는 소셜 미디어의 흐름을 따라잡는 것이 무엇보다 중요하다. 켈리 레스터와 알고 지내는 수많은 블로거가 이지런치박스를 활용해 도시락 만들기 등과 같은 관련 포스팅을 정기적으로 올리고 있지만 열기는 식어가는 중이다. "인스타그램과 핀터레스트에서는 사람들이 군더기기 없이 사진과 코멘트만 올리는 편이에요." 레스터가 덧붙였다.

인플루언서들이 소셜 미디어에 올리는 비주얼 콘텐츠 덕분에 레스터의 상품은 입소문이 나기 시작했다. 먹을 것에 관심이 높은 엄마들이 레스터의 런치박스에 음식을 담아 멋진 사진을 찍어 핀터레스트와 인스타그램에 올리기 시작했고, 레스터는 이 이미지를 제품 홍보용으로 활용했다. "운이 좋았죠. 사람들이 소셜 미디어에 음식 사진을 올리기 시작했거든요." 레스터는 유튜버들에게도 접근했다. 소셜 미디어를 적극 활용하고자 다양한 노력을 기울인 끝에 자신이 입점한 거대 소매 사이트에서 도시락 용기 분야 톱 셀러로 자리매김을 했다.

메건텔프너닷컴MeghanTelpner.com과 조리영양 아카데미를 운영하는 메건 텔프너에게도 비디오 콘텐츠는 유용한 사업도구였다. 아프리카 여행 중 몸에 이상을 느낀 그녀는 토론토로 돌아온 후 크론병 진단을 받고 무척 놀랐다. 현재 서른일곱 살인 그녀는 당시 광고업계에서 일 했지만 건강이 나빠져 일을 그만두어야 했다. "병원에 다니고 있었지 만 정확한 치료법이 없었어요. 겨우 스물여섯 살이었고 혼자 치료 방 법을 찾아야만 했죠." 텔프너의 당시 상황이다.

진단 이후 텔프너는 홀리스틱 영양학을 공부하며 병을 직접 관리 하기 시작했다. 그녀는 식습관과 라이프 스타일을 바꾸기 시작해 큰 효과를 거두었고 병의 증상을 거의 느끼지 못할 만큼 호전되었다. 텔 프너는 9년 전 건강과 라이프 스타일에 관한 정보를 공유하는 메건텔 프너닷컴을 열었고, 3년 전에는 조리영양 아카데미를 시작했다. 두 사 업 모두 100만 달러 이상의 매출을 거두었다. 1인 체제로 운영하던 그 녀는 사업 확장을 고려해 6년 전 정직 어시스턴트를 고용했다.

텔프너가 사업을 시작할 때만 해도 그녀는 작은 주방에서 일주일 에 몇 차례 쿠킹 클래스를 운영하며 음식 관련 커뮤니티를 형성하려 고 했다. 당시 그녀는 글루텐과 유제품을 제한한 식단을 유지하고 있 었다. 성분표에 정체불명의 원료가 잔뜩 적힌 가공식 세상에서 쉽지 않은 시도였다. 음식의 성분에 신경 쓰는 사람들이 다른 사람들과 밥을 먹을 때 별종처럼 보이지 않도록 친구들과 나눌 수 있는 신선하고 건강한 음식을 소개하는 데 그녀는 주력했다.

웹사이트에 콘텐츠가 쌓이자 다양한 건강 문제로 고통 받는 사람들이 찾아오기 시작했다. "사회 전반적으로 병들어 있다는 걸 사람들이 깨닫기 시작한 거죠." 많은 사람들에게 좋은 정보를 전달해주고 싶다는 마음에 매일 포스팅을 했고, 현재는 무려 2,000개가 넘는 포스팅이 쌓였다. 패션 마케팅 전공을 살려 그녀는 웹사이트를 감각적으로 꾸미는 노력도 더했다. 화려한 빈티지 옷을 입고 찍은 자신의 사진은 물론 임상 영양사인 남편의 사진, 천연 DIY 뷰티 제품, 요가 운동부터 적외선 사우나 효능까지, 본인의 병을 관리하는 데 효과적이었던 건강 정보를 공유하며 유익한 사이트를 만들어나갔다. 아기 로션에 포함된 성분의 유해성, 누텔라로 만드는 아침식사의 단점 등 자신이 중요하게 생각하는 주제들에 대해 거리낌 없이 의견을 밝히기도 했다.

더 많은 사람들을 사이트로 모으기 위해 사이트를 오픈한 해, 3일 그린 스무디 클렌즈로 첫 온라인 쿠킹 클래스를 열었다. 200명의 사람들이 10달러를 지불하고 가입했다. '말도 안 돼'라고 그녀는 혼자 중얼거렸다. "'사업을 확장하려면 어떻게 해야 할까' 고민했던 저의 첫 시도였어요."

얼마 후 주방에서 요리 시연하는 모습을 녹화해 유튜브에 올리기 시작했다. "초기에 찍은 영상은 민망해요. 혼자서 다 했거든요. 저 혼자 주방에서요." 그러나 경험이 쌓이자 비디오 촬영도 능숙해졌다. 그녀의 팬들뿐 아니라 전 세계적으로 건강에 관심이 많은 사람들이 연락해 자문을 구하기 시작했고 그녀는 비디오 강좌 프로그램을 개설했다. 3년 전에 시작한 온라인 조리영양 아카데미는 프로그램을 이수한 사람들에게 자격증을 발급하고 있다. 수업 비용은 1,850달러에서 3,600달러 선으로 개인 코칭 여부에 따라 달라진다. 2016년 12월자로 43개국에서 1,100명이 넘는 학생들이 온라인 아카데미 과정을 이수했다.

텔프너는 자신의 메시지를 더욱 많은 사람들에게 전달하기 위해 저술 활동을 시작했다. 4년 전《언다이어트: 건강한 삶을 위한 식이법》 UnDiet: Eat Your Way to Vibrant Health 을 출간했다. 첫 책을 내고 2년 후《언다이어트 요리책》UnDiet Cookbook 을 썼다. 텔프너는 스스로 건강한 삶을 만들어 가야 한다는 긍정적인 메시지를 세상에 전하고자 노력하고 있다.

안정적인 수입원을 구축하는 법

성공적인 1인 기업을 세우는 과정에서 가장 어려운 점은 다른 수입원 없이도 삶을 유지할 수 있는 수익을 창출하는 지점에 도달하는 것이다. 여기까지 이르려면 시간이 필요하다. 하지만 현재 소득이 없고 당장 자신은 물론 가족의 생계까지 책임져야 하는 입장이라면, 그래서 여유롭게 기다릴 수 없는 상황이라면 어떻게 해야 할까? 사업을 통해 생활을 유지하는 것은 분명 가능한 일이지만 자금 흐름을 원활하게 그리고 신속하게 만드는 방법을 찾아야 한다.

회계사를 찾아가라

안정적인 기업을 세우는 데 중요한 요소 중 하나는 좋은 회계사를, 그것도 중소기업과 많이 일해본 회계사를 곁에 두는 것이다. 이런 회계사를 어떻게 찾을 수 있을까? 주변 오너들에게 믿을 만한 사람을 추천해달라고 부탁하는 방법도 있다. 가장 이상적인 방법은 가까운 지역에서 당신과 당신이 운영하는 기업에 대해 알아나가며 친밀한 관계를 유지할 수 있는 회계사를 찾는 것이다. 이후 만나게 될 산업장비 브로커 제프리 린즈Jeffrey Rinz 역시 중소기업을 운영하는 회계사를 만나는 것이 이상적이라고 조언했다. 린즈의 회계사는 공인회계사이자 두세 개의 기업을 운영하는 기업인이기도 하다. "제게 실질적인 도움을 많이 줍니다." 린즈의 말이다.

제대로 된 회계사인지 어떻게 알 수 있을까? 뉴욕 소재의 회계법인 앤친, 블록&앤친Anchin, Block&Anchin에서 세무 자문 업무를 맡고 있는 폴 거버츠먼Paul Gevertzman은 이렇게 설명했다. "유능한 회계사라면 고객의 비즈니스를 묻고, 고객의 말에 귀를 기울이며 현재 어떤 도움이 필요한지, 니즈가 무엇인지 재빨리 알아챕니다. 고객의 사업에 시간을 들여 조사하고 준비된 자세로 고객을 맞이할 줄 알아야 합니다. 세금과 재무정보 서류를 꼼꼼하게 살피고 해결방안까지 제시한다면 믿을 만

한 회계사지만 먼저 기밀유지계약서부터 작성하는 게 좋습니다."

미팅을 마치고 헤어진 뒤 회계사에게 몇 가지 추가 질문을 해 얼마나 빨리 응답하는지, 회계사의 답변이 만족스러운지 살펴야 한다고 거버츠먼은 조언했다. "고객 유치를 위해 그 정도의 성의도 보이지 않는 회계사라면 훗날 고객을 어떻게 대할지 미리 알 수 있습니다." 이상적인 회계사라면 고객이 먼저 알려주기 전, 고객에게 미리 세금 납부 기한을 공지할 정도로 시간에 엄격해야 한다. 능력 있는 회계사여도 계속해서 채근해야 한다면 당신에게 도움보다 짐만 더해줄 확률이 훨씬 높다.

간접비용을 낮게 유지하며 고매출 1인 기업을 운영한다는 것은 곧 수익이 많이 남는다는 것이고 따라서 소득세를 많이 부과해야 한다는 뜻이다. 성공적인 사업 운영으로 높은 세율을 적용받게 될 때 회계 전문가의 조언이 없다면 기업인은 사업 수익을 누리지 못하게 되고, 사업에 재투자할 기회마저 잃게 된다. 회계사가 훌륭한 조력자 역할을 해준다면 기업인은 세액 공제가 가능한 항목을 충분히 인지한 상태로 기업을 운영할 수 있다. "사업은 잘 이해하고 있지만 놓치는 것들이 많이 생길 수 있습니다. 혼자 힘으로 모든 걸 알아보고 해결하려고 한다면 정작 사업을 성장시키는 데 쓸 시간을 낭비하게 될 수 있습니다."

매출이 높아질수록 세금을 최소화할 수 있는 기업 형태에 대한 전문가의 조언이 필요하다. 많은 사람들은 설립이 쉽다는 이유로 초기에는 유한책임회사LLC와 같은 개인 기업 형태로 시작한다. 하지만 매출이 성장할수록 유한책임회사보다 S코퍼레이션s-corporation(미국에 존재하는 기업의 형태로 단일과세가 허용되는 소규모 법인—옮긴이)으로 전환하는 것이 세금 절감에 유리하다. S코퍼레이션 형태를 유지하는 데 준비해야 할 서류가 많지만 수많은 기업인들이 S코퍼레이션으로 전환하며 세금 절감의 효과를 누렸다. 기업 형태는 되도록 빨리 상담을 받는 게 좋으며, 특히나 기업의 성장 속도가 빠르다면 더욱 그렇다. 3년 전 S코퍼레이션으로 기업을 전환한 조너선 존슨은 이렇게 말했다. "제가 내린 선택 중 가장 현명한 선택이었습니다." 그는 기업 형태를 바꿀 당시 서류 작업과 관련 비용으로 고생했지만 '결과는 무척 만족스럽다'고 밝혔다.

창의력이 높고 이상주의적인 사람에게는 기업의 재정적인 측면을 다루는 것이 숨 막힐 수 있다. 다행히도 이런 것들은 한 번에 닥치지 않는다. 사업을 갓 시작해 고객의 수가 많지 않을 때는 재무관리가 까다롭지 않다. 더욱이 기능이 훌륭하고 비용이 저렴한 클라우드 기반 회계 소프트웨어가 현재 시중에 많이 있다. 혼자서 도저히 관리가 힘들면 주변 기업인들에게 도움을 요청해보자. 그러면 회계장부 담당자나 회계사를 쉽게 구할 수 있다.

현금 흐름의 중요성을 인식하라

안정적인 수익을 위해서는 기업의 현금 흐름을 원활하게 유지해야 한다. 그렇지 못할 경우 대금 지불이 어려워지고 정말 필요한 순간 융통할 수 있는 현찰이 없어 난감한 상황이 닥친다.

판매 대금이 바로 회수되지 않는 업계라면 현금 흐름 관리가 더욱 어려워진다. "창업 후 몇 년 버티지 못하고 현금 유동성 문제로 문을 닫는 기업이 상당히 많습니다." 은행 한 곳에서 부행장으로 재직한 후 애리조나주 스코츠데일에 위치한 결제 자문회사인 글로벌 페이먼트 어드바이저Global Payments Advisors 회장을 역임한 데이브 커라시Dave Kurrasch 의 말이다.

많은 기업인들이 매출과 현금 흐름을 같은 개념으로 착각한다. 고객에게 청구서를 발행한 후 30일 혹은 그 이상이 지나야 결제를 받는 것이 일반적이라고 커라시는 설명했다. 하지만 이 기간에도 지불해야 할 대금이 발생한다. "직원에게 월급도 줘야 하고 전기세도 납부해야 하는데 결제를 30일이나 기다려야 한다면 위험한 상황에 빠지게 됩니다."

💰 현금 흐름을 개선하는 방법

6개월에서 1년을 미리 계획하라

자신에게 닥칠 상황을 예측하고 준비해야 한다. 대다수의 기업인은 상황을 지나치게 긍정적으로 본다. 그러나 그렇지 않은 경우도 생기기 때문에 회계 프로그램을 활용해 입출금 내역을 확인하고 장비 구매나 인력 채용 등 예산안을 세워 미래의 현금 흐름을 예측하는 법을 익혀야 한다.

만약 시간적 여유가 없다면 담당 회계사에게 일임하라. 돈은 들지만 전혀 아깝지 않은 비용이다. "중소기업 오너들은 사업 운영만으로도 바쁜 나머지 두 달, 세 달, 네 달 후의 상황을 생각할 여유가 없습니다. 당장 오늘 일을 해결하는 것만으로도 벅차니까요." 데이브 커라시의 말이다. 하지만 이런 상황이 계속된다면 생존 경쟁에서 살아남기 어렵다. "사업에 뜻이 있다면 미래를 계획할 줄 알아야 합니다." 향후 6개월에서 12개월 동안 기업에 들어올 현금을 예측하는 것 역시 계획에 포함되어야 한다. 티셔츠를 판매한다고 가정했을 때 얼마나 팔릴지, 매출액은 얼마나 될지, 그리고 언제 현금이 유입될지 미리 계산해야 한다는 뜻이다. 이런 분석을 통해 당장 상품을 재입고해야 할지 조금 더 기다려야 할지 판단할 수 있다.

결제 속도를 높일 방법을 찾아라

일에 치이면 청구서 발행을 미루게 되지만 사실 기업의 생존 차원에서 보면 이것은 치명적인 실수다. 현금 흐름을 개선하기 위해선 정기적으로 청구서를 발행하고 제때 대금을 수령해 은행에 넣는 습관을 들여야 한다고 커라시는 조언했다. "고객에게 바로, 되도록 자주 청구한다면 상황은 훨씬 나아집니다."

한 주만 청구서 발행이 늦어져도 자금 부족에 시달릴 위험은 커진다. 고객의 지급 시기는 청구서 발행일을 기준으로 하기 때문이다. 결제를 빨리 진행하고 싶다면 스퀘어Square나 애플페이Applepay 등 신용카드 결제 시스템 활용도 고려할 수 있다. 수표를 스캐닝해 원격으로 은행 계좌에 예금해주는 모바일 결제 애플리케이션도 현금 흐름에 큰 도움이 된다. 신용카드와 ACH 결제(고객의 계좌에서 자동으로 결제를 처리함)를 허용하는 인보이싱 소프트웨어를 사용하는 것도 좋은 방법이다.

신용카드를 포함해 여러 결제 수단을 허용하면 현금 흐름에 어려움을 겪는 고객의 구매를 유도할 수 있지만, 수수료가 기업 수익에 영향을 미치는 정도도 살펴야 한다고 커라시는 당부했다. 대체로 카드사의 가맹점 수수료는 2.5퍼센트이다. "순수익률이 2퍼센트인 기업에서 신용카드로만 결제가 이뤄진다면 수익이 제로가 됩니다. 50퍼센트의 마진이라면 문제될 게 없어요." 프레시북FreshBooks, 퀵북 등의 회계 소프트웨어 프로그램에서는 신용카드 결제를 선택적으로 허용하는 기능이 있으니 알아두면 좋다. 사업자가 원할 때만 신용카드 결제를 활성화시킬 수도 있다.

지급은 가능한 늦춰라

현금이나 체크카드로 매입대금을 결제하면 잔고가 금방 바닥을 드러낸다. 한 달 안에 지불해야 할 비용이 있다면 군이 첫째 주에 처리할 필요는 없다. 연체는 안 되게 하면서 가능하면 데드라인에 맞춰 대금을 지급하는 전략이 필요하다. 다만, 대금을 빠르게 결제할 경우 우선적으로 일을 처리해주는 중요 거래처는 여기에 해당되지 않는다. 매입 시 무이자 혹은 저금리 신용카드로 결제하거나 수표로 처리하면 조금이라도 시간을 벌 수 있다. 계좌에 오래 돈을 묶어 둘수록 좋다는 것을 명심해야 한다.

재고부담을 줄여라

전자상거래 상점이나 소매점을 운영할 경우 재고가 많으면 안 된다. 드롭시퍼를 활용해보자. 상품을 창고에 쌓아둘 일도 주문 업무를 처리할 필요도 없어진다. 이 모든 일을 드롭시퍼가 맡아 진행하기 때문이다. 헬멧 등의 장비를 판매하는 기업인으로 제4장에 등장했던 조너선 존슨은 판매 상품의 90퍼센트를 드롭시핑으로 해결하고 있다. 덕분에 사업체 두 곳의 재고 관리 및 보관비용에 막대한 자금을 들이지 않고 280만 달러 매출을 달성하는 성공을 거두었다.

얼마간의 현금을 확보해라

비영리 단체인 프로스페리티 나우Prosperity Now, 이전 CFED Corpo-ration for Enterprise Development에서 마이크로 비즈니스 오너의 재정적 취약성을 주제로 진행한 조사[8]에 따르면 5인 미만의 사업장을 운영하는 기업인 가운데 55퍼센트만이 한 달분의 사업 경비를 처리할 저축액을 보유하고 있고, 30퍼센트는 기업저축액이 전혀 없는 것으로 드러났다. 프로스페리티 나우가 온라인으로 진행한 조사에서 1,000달러의 예상치 못한 경비지출이 발생할 때 응답자의 41퍼센트가 사비로 충당한다고 답했고, 31퍼센트는 개인 신용카드 대출을 꼽았다. 악순환이 계속될 위험 속에서 기업을 운영하는 사람도 있었다. 응답자 15퍼센트는 비용을 감당할 여력이 조금도 없다고 답했다. 이렇게 기업을 경영하면 안 된다. 설사 기업의 성장 속도가 더뎌진다고 할지라도 얼마간의 예비금을 준비해둬야 앞으로 어떤 일이 벌어져도 흔들림 없이 기업의 그리고 개인의 비전을 실현할 수 있다.

디지털 마케팅으로 매출을 높여라

디지털 마케팅에는 크게 두 가지 방법이 있다. 저스틴 고프 외 수많은 100만 달러 기업인은 클릭당 지불 광고 마케팅을 활용해 매출을 급격히 성장시켰다. 또한 클릭당 지불 광고 외 다른 마케팅 전략을 채택하거나 전문 인력을 고용하는 것이 두 번째 방법이다. 디지털 마케팅에 뛰어들기 전 갑작스레 늘어날 주문량을 처리할 능력이 되는지, 늘어난 업무량에 따라 추가인력을 채용하고 벤더를 구할 자본을 마련할 수 있는지 확인해야 한다. 그렇지 못하면 비용과 노력을 들인 만큼 결과가 나오지 않을뿐더러, 고객의 불만이 소셜 미디어나 인터넷에 퍼져 고객의 신뢰를 영영 잃게 될지도 모른다.

많이 팔 것인가, 비싸게 팔 것인가

높은 판매량을 기대하기 어려운 사업이라면 본인의 몸값을 높이거나 자신이 제공하는 상품에 프리미엄 가격을 매기는 방법을 찾아야 한다. 이것은 전문 서비스 기업에서 가장 효과를 볼 수 있는 전략이다. 인터뷰를 진행했던 한 비즈니스 코치는 지난 몇 년간 꾸준히 자신의 몸값을 올렸다. 처음에는 인텐시브 코칭 프로그램 비용으로 하루에 1만 달러를 책정했다. 수요가 많다는 걸 알게 되자 그는 연 수임료 25만 달러의 1년 코칭 프로그램을 개발했다. (실수입이 높은 부유한 기업인이 그의 고객이었다.)

경쟁자에 비해 당신이 훨씬 나은 서비스와 결과를 고객에게 보장한다면 높은 금액을 매기는 일은 전혀 문제될 게 없다. 이 경우 초점을 맞춰야 할 고객은 양질의 서비스를 원하는 사람뿐 아니라 비싼 가격을 기꺼이 치를 경제적 여유가 있는 사람들이 되어야 한다.

고가의 상품으로 높은 수익률을 노려라

안정적인 수입을 단기간에 벌어들일 수 있는 또 다른 방법은 바로 고가의 수익성 높은 상품을 판매하는 것이다. 이것은 베테랑 세일즈 전문가이자 산업기계장비 국제 브로커로 활동하는 제프리 린즈가 택한 방식이었다. 쉰여덟 살의 린즈는 여러 기업에서 해외 영업부 매니저와 디렉터로 경력을 쌓아나갔다. 30년 전 그는 직장인의 삶에 염증을 느껴 노스캐롤라이나주 캐리에 푸드워크_{foodWorks}라는 기업을 세워 대형식품가공 시설의 장비 제작, 설비 및 판매하는 일을 시작했다. "자유를 누리며 스스로 수입을 만드는 사람들이 항상 부러웠습니다. 독립적인 사람들 말입니다. 혼자서 일을 한다는 개념이 낯선 시기에 일을 벌렸죠. 그때는 저 같은 사람이 없었습니다. 물론 지금은 다르지만요." 당시는 직장을 떠나 새로운 것을 개척하는 사람들이 사회적 격려와 응원을 받기 어려웠다.

영업 능력이 탁월했던 그는 상당한 커미션을 벌었고, 해마다 다르긴 하지만 100만 달러 이상의 매출을 기록하는 때가 많다. 그는 롤리에 위치한 자택에서 아내와 회계 담당자를 포함해 몇 명의 재택근무 계약직의 도움으로 기업을 경영한다. 고등학생과 대학생 두 아들을 둔 린즈는 자신이 누리는 자유로운 삶을 두고 절대로 회사에 돌아가고 싶지 않다고 말한다.

"아이들이 자라는 과정을 모두 지켜보았습니다. 저희 부부가 만약 목요일에 쉬고 싶다면 그렇게 하면 됩니다. 상사에게 허락받지 않아도 되죠." 이것만으로도 제대로 된 비즈니스 모델을 찾기 위해 애썼던 시간이 보상받고도 남는다.

1인 기업을 통해 우리가 기본적으로 이루고자 하는 것은 재정적 독립이라는 것을 명심해야 한다. "각자에게 맞는 최적의 비즈니스가 분명히 있습니다. 제가 지금 하는 일처럼요. 안정적인 수입, 여유 그리고 자유까지 모두 누릴 수 있거든요." 해낼 수 있다는 마음가짐만 있다면 그가 가진 것은 누구나 쟁취할 수 있다.

성장에 유리한 사업 시스템을 선택하라

창업 후 자신이 원하는 삶을 누리게 해줄 정도로만 사업을 유지할지, 인력을 채용해 크게 규모를 확장할지는 오롯이 오너의 선택이다. 그러나 어떤 경우든 제대로 된 시스템을 갖춰야 당신의 노력이 낭비되지 않는다. 사업 구상에 많은 시간을 들일수록 올바른 비즈니스 모델을 찾고 매출을 높이는 과정은 빨라진다.

서른일곱 살의 스콧 팔라디니는 사업 성장에 제대로 된 시스템이 얼마나 중요한지 누구보다 잘 알고 있다. 뉴저지에서 매트리스 체인 기업인 로커웨이 베딩Rockaway Bedding을 운영하던 아버지 밑에서 자란 그는 뉴저지주 버나즈빌에 매트리스 상점을 열어 사업 요령을 배웠다. 그는 시중에 나온 제품 판매에 만족하지 않고, 업계에서 보고 배운 경험을 토대로 200만 달러의 매출을 올리며 뉴저지주 호보켄에 있는 창고형 사무실에서 사업을 운영했다. 200만 달러 매출을 달성한 후 직원을 채용한 그는 현재 직원 두 명을 더 들인 상태이다. "기업은 생명을 지닌 유기체나 다름없습니다. '매출 200만 달러만 채워야지' 이런 식으로 정할 수 없어요." 팔라디니는 이렇게 설명했다.

팔라디니의 여정은 2014년, 매트리스 사업을 온라인으로 가져올 방법에 대한 연구와 개발을 거듭하며 시작되었다. 압축한 매트리스를 작은 상자로 포장해 온라인으로 판매하는 베드인어박스bed-in-a-box 시장은 어느 때보다 치열했지만 분명 기회가 있다고 그는 판단했다. 온라인 사업을 하는 이들에게 각종 정보를 제공하는 사이트 프랙티컬이커머스PracticalEcommerce 등의 다양한 글을 접하며 그는 비즈니스 아이디어를 연구했다.

확장성 있는 상품과 서비스를 제공하라

스콧 펠러디니가 경쟁에서 살아남으려면 작은 사이즈로 압축이 가능하고 배송료가 적게 드는 좋은 품질의 올폼all-foam 매트리스를 만들어야 했다. 그는 조지아주의 뉴넌에 있는 공장에 의뢰해 꾸준히 고객을 유치할 수 있는 편안하고 내구성이 좋은 매트리스 개발에 성공했다. 상품의 경쟁력을 높이기 위해 매트리스 커버에 셀리언트Celliant 원단을 사용했다. 셀리언트는 인체의 열을 원적외선으로 전환해주는 기능성 원단으로, 신체능력을 높여주고 운동 후 신체 회복력을 상승시키는 데 효과가 있다. "매트리스는 단순한 상품이 아닙니다. 우리가 가장 긴 시간을 보내는 곳은 침대니까요."

2년 전 베어 매트리스Bear Mattress를 시작하며 팔라디니는 자신처럼 활동적인 성향의 소비자층, 잠자는 동안 근육 조직의 회복력이 필요한 사람들에게 초점을 맞췄다. 그는 하루에 두 번씩 달리기를 하고 매일 명상한다. "제 사업을 하면서 자유를 누리는 게 정말 좋습니다."

소비자 리뷰를 놓치지 마라

팔라디니는 판매량을 늘리기 위해 약 1만 달러의 비용을 들여 매트리스 리뷰 사이트 몇 곳에 샘플을 보냈다. 반응이 좋았다. 제품의 큰 장점 중 하나는 바로 가격이었다. 임대료나 중간 상인에게 들어가는 간접비가 전혀 발생하지 않아서 경쟁력 있는 가격을 유지할 수 있었다. 트윈 매트리스는 500달러, 퀸 사이즈는 850달러, 킹 사이즈는 950달러로 합리적인 가격에 제품을 판매하고 있다.

처음 사업을 시작할 때만 해도 큰 꿈을 꾸지 않았다. "매출이 50만 달러만 되어도 정말 좋겠다고 생각했습니다." 그러나 사업을 시작한 지 1년 만에 판매량이 무섭게 늘어 그는 200만 달러의 매출을 냈다. 단기간 안에 매트리스라는 상품을 많이 판매할 수 있었던 그의 비결은 무엇이었을까? 바로 뜨거운 고객 반응이었다. 순식간에 베어 매트리스 사이트에는 별 다섯 개의 리뷰가 1,000개 가까이 달렸다. 팔라디니는 지속적으로 리뷰가 쌓이도록 자동화 시스템을 구축해 고객에게 리뷰 작성을 유도하고 있다.

구매 행동을 방해하는 요인을 제거하라

그는 커다란 벽에 부딪혔던 때도 있었다. 그중 하나는 고객이 매트리스를 구매하는 과정이었다. "매트리스는 매장에서 반드시 테스트하는 제품이에요." 직접 체험해보지 않고서는 구매를 꺼려하는 사람들을 위해 그는 고객의 우려를 잠재울 수 있는 정책을 실시했다. 품질 보증 기간을 10년으로 확대하고 구매 후 제품에 만족하지 않을 경우 아무 조건 없이 100퍼센트 환불을 보장했다. 실제로 매트리스를 환불한 사람은 극소수에 불과했다. 환불 제품은 지역 단체에 기부하거나 매트리스를 분해해 재생 가능한 원자재를 재활용하는 업체에 보냈다.

고객 서비스를 게을리하지 마라

팔라디니는 직원을 채용하기에 앞서 혼자서 역량을 발휘해보고 싶은 욕심에 톡데스크Talkdesk라는 온라인 콜센터를 이용해 고객 서비스 전화 업무를 처리했다. "어디서나 고객 서비스를 처리할 수 있게 되었어요. 해변에서 휴가를 보내는 중에도 고객 전화에 응대할 수 있으니까요." 현재는 전문 고객 서비스 담당 직원을 정규직으로 고용해 관련 업무를 일임하고 있다. 한편, 온라인 콜센터의 한 달 이용료는 아주 저렴하다고 그는 덧붙였다.

홍보와 디지털 마케팅에 투자하라

홀로 제품 홍보를 하는 데 한계를 느낀 그는 홍보회사 한 곳, 디지털 마케팅 팀 한 곳과 계약을 맺고 디지털 라디오 및 팟캐스트 광고에도 투자했다. 그는 직접 광고 구매를 공부하며 시간을 들이는 대신, 팟캐스트 광고 구매 전문 에이전시를 활용했다. 이런 업체들은 온라인에서 쉽게 찾을 수 있다. 동종 업계의 지인에게 괜찮은 거래처를 추천받는 것도 좋은 방법이다.

기업은 그의 상상 이상으로 빠르게 성장하고 있다. 그러나 너무 앞서 생각하지 않으려고 노력한다. 그가 성공할 수 있었던 이유는 매일같이 "어제보다 오늘 더 많은 매트리스를 팔려면 어떻게 해야 할까?"라고 스스로 질문을 던지며 고민했기 때문이었다. "오늘 매트리스 한 개를 판매했는데 내일 갑자기 1,000개가 팔리는 일은 없습니다. 오랫동안 지속되는 기업을 세워 사회에 가치를 더하는 게 제 목표입니다." 지속 가능하고 수익성이 높은 기업이라는 목표에 집중한 덕분에 그는 초경량 기업 오너들이 쉽게 빠지는 함정을 유연하게 피할 수 있었다. 오히려 그의 기업은, 그의 표현대로 '매달 꾸준히' 성장해가고 있다.

다음 장에서는 1인 기업인의 발목을 잡는 덫에서 벗어나 오래도록 유지되는 기업을 세우는 방법을 살펴보고자 한다.

제5장

저절로 굴러가는
사업 시스템 만들기

The Million-Dollar, One-Person Business

맷 프릴은 소근육 발달을 위해 다섯 살의 프릴 손에 비디오 게임을 쥐어주었던 어머니 덕분에 게임을 시작했다. 미시간주에서 애리조나주로 이사한 후 프릴에게 게임은 더위를 피할 수 있는 최적의 도피처가 되었다. 평생 동안 이어진 게임에 대한 그의 애정은 이때부터 시작되었다. 프릴의 부모님조차 닌텐도 마리오 게임에 푹 빠져 지내던 아들이 훗날 1인 기업인으로 성공하게 될 줄 상상도 하지 못했다. 프릴은 2016년에 매출 360만 달러를 달성했다. 그는 미시간주의 디트로이트 근교 노바이에서 아내와 두 아들과 사는 집에서 재택근무로 기업을 경영 중이다.

　결혼 전, 부모님을 따라 미시간주로 다시 와 지내던 때, 그는 게임 딜 데일리Game Deal Daily라는 비즈니스 아이디어를 떠올렸다. 대학교에서 마케팅을 공부하며 비디오 게임 전문 매장 여러 곳에서 일한 그는 가게에서 재고처리 세일로 비디오 게임을 처분하는 모습을 자주 목격했다. 또한 고전 게임을 좋아하는 사람들은 찾는 게임이 매장에 없으면 이베이_{eBay}에서 구매한다는 것도 파악했다.

학부를 졸업하고 MBA를 하던 당시 그는 사업을 시작해야겠다고 판단했다. 그는 매장에서 할인가로 판매하는 비디오 게임을 대량 구매한 후 추가금액을 붙여 이베이에 판매했다. 그리고는 그 판매 수익으로 더 많은 게임을 사 모았다.

첫해에는 1만 5,000달러였던 매출이 이듬해는 4만 달러, 그다음 해에는 8만 달러로 기하급수적으로 성장하자 그는 MBA를 마치고 본격적으로 사업에 뛰어들기로 결심했다. 취업에는 전혀 미련이 없었다. 반대로 자신의 미래를 직접 결정할 수 있는 기업인의 길이 훨씬 매력적으로 느껴졌다. "누군가의 상품을 대신 팔고 결국 임원들의 배만 불리는 구조가 싫었습니다. 다른 누군가의 부품으로 살고 싶지 않았거든요."

비즈니스 연구소를 운영하라

연매출 1만 5,000달러에서 300만 달러로 성장하는 게 어떻게 가능했을까? 그는 다양한 방법을 시도하고 그 과정에서 얻은 정보를 경영에 적극 활용했다. 이 과정에서 프릴은 자신이 원하는 라이프 스타일을 최대한 지켜냈다. 꾸준히 개선 방안을 모색하고, 시장조사를 게을리하지 않으며 변화를 두려워하지 않았던 그는 장애물을 만나거나 잘못된 방향에 접어들 때마다, 실수를 할 때마다 더 높은 매출을 달성하고 성장하는 기회로 삼았다.

100만 달러 기업인들은 기업을 하나의 실험이라 생각하고 매출과 수익을 높일 방법을 끊임없이 연구한다. (MBA를 수료한 기업인들조차) 이 방법은 학교에서 배우지 않는다. 대부분의 기업인들은 문제가 발생했을 때 인터넷 조사를 하거나 비슷한 다른 기업인들에게 조언을 구하며 해결해나간다.

"자신의 잠재력을 깨우는 질문을 던져야 합니다." 툴스포위즈덤 플래너 사업체를 운영하는 라즐로 내들러는 이렇게 말했다. 내들러에게 지속적인 향상이란 곧 자신의 목표를 위해 무엇을 해야 할지 끊임없이 호기심을 갖는 태도를 의미했다. "사업을 성장시키려면 오늘 무엇을 해야 하는가? 상위 5퍼센트의 기업은 지금 무엇을 하고 있고, 그것을 내 사업에 어떻게 적용할 수 있는가?"와 같은 질문을 하는 것이었다.

다른 사람의 전략을 그대로 베끼는 것과는 다른 문제라고 내들러는 설명했다. 그는 흥미로운 아이디어를 접할 때 나만의 것으로 만들 수 있는 방법이 무엇인지 고민한다고 전했다. "고민 끝에 도출된 결론은 사업에 즉시 적용합니다."

내들러는 이 전략을 마케팅에 접목시켰다. 인포머셜informercial(정보

information와 광고commercial의 합성어로 구체적인 상품의 정보를 서술하는 광고 형태. 기존의 광고와 다르게 2분 이상 분량으로 제작된다. 홈쇼핑 역시 인포머셜의 한 맥락이다.—옮긴이) 채널을 채택하진 않았지만 정보를 얻기에는 최고였다. 그는 주기적으로 성공적인 인포머셜의 광고 문구를 받아 적고 어떤 점이 소비자에게 효과적이었는지, 툴스포위즈덤에 접목할 수 있는 건 무엇인지 연구했다. 내들러는 한 가지 예를 들어 설명했다. "인포머셜에서는 '사세요, 사세요, 사세요'라고 절대 하지 않아요. 신중하게 단어를 골라 영리하게 배치하죠."

보통 인포머셜에서는 상품의 장점 다섯 가지를 나열해 구매 욕구를 자극한다. 이것을 그는 자신의 마케팅 자료에도 활용했다. 그러나 간단한 문구를 나열하는 것에 그치지 않고 두 개의 문장은 질문으로 바꿨다. "소비자의 시선을 사로잡으려 했습니다." 내들러의 설명이었다.

직원 없이 홀로 기업을 확장시키는 데 한계를 느끼면 내들러와 같은 태도로 어려움을 해결해나가면 된다. 이제, 100만 달러 기업인이 사업을 운영하며 공통적으로 직면한 문제가 무엇이었는지 알아볼 차례이다. 아래 사례에서 소개된 해결책이 정답은 아니지만 대다수의 기업인들이 문제 해결을 위해 어떻게 사고하고 접근해나갔는지 참고한다면 큰 도움이 될 것이다.

제거하고, 자동화하고, 위임하고, 미뤄라

부모님이나 선생님, 예전의 상사들은 성공을 위해 장시간 고된 노동을 감수해야 된다고 말했다. 그러나 우리는 작은 사무실에 갇혀 있던 시대에나 통용되던 말에서 벗어나야 100만 달러의 1인 기업을 만들 수 있다. 고매출 1인 기업은 고카페인 에너지 드링크를 들이키며 하루에 스무 시간을 컴퓨터 앞에 있어야 탄생하지 않는다. 영리하게, 전략적으로 일하는 것이 필요하다.

영리하게 일하라는 조언은 이제 흔한 말이 되었다. 그러나 사람들이 항상 잊고 사는 말이기도 하다. 규모가 작고 성장이 빠른 마이크로 비즈니스를 운영하다 보면 고객의 이메일에 답장하고 상품을 배송하는 등의 중요하지 않은 업무가 어느새 하루 일과를 삼키는 일이 허다하다. 스타트업이 성장할수록 늘어난 잡무에 온종일 시달리게 되면 에너지를 빼앗겨 명석한 판단을 내리지 못하는 경우도 생긴다. "정신을 바짝 차리지 않으면 내 자신이 소모되고 맙니다." 프릴의 말이다.

맷 프릴은 시간만 빼앗는 지루한 업무에서 자유로워지기까지 수많은 시행착오를 거쳤다. 수천 명의 비디오 게임 마니아들이 몰리자 그는 상품을 확보하는 일로 바빠졌다. 물론 사업이 잘 되어서 발생하는 문제였다. 그러나 비디오 게임을 구하는 일이 상상치도 못할 만큼 그의 많은 시간을 앗아가기 시작했다. "열 시간에서 열두 시간씩 운전만 하기도 했어요. 차를 집으로 삼아 살고 싶은 게 아니라면 이 방법으로는 회사를 키우는 데 무리가 있었습니다." 지쳐버린 그는 이런 방식을 계속 유지할 수는 없다는 것을 깨달았다.

이런 상황에서 벗어나려면 가장 좋은 해결책은 바로 조사$_{research}$다. 시간은 들지만 비용은 들지 않는 방법이었다. 프릴이 선택한 것은 디트로이트의 살인적인 교통체증 대열에 합류하는 것도, 자신 대신 차 속에 갇혀 지낼 누군가를 고용하는 대안도 아니었다. 그는 효율적으로 재고를 확보하는 방법을 인터넷으로 조사했다. 링크트인$_{LinkedIn}$을 통해 이베이에서 활발하게 활동하는 판매자 몇 명에게 연락해 조언을 구했다. 판매자들 가운데 몇몇은 상품 유통업도 한다는 걸 알게 되었다. 그 후 이들에게서 할인가에 대량으로 물건을 구입하며 차에서 몇 시간이나 갇혀 있던 생활을 청산할 수 있었다. 재고 확보의 부담감을 덜어낸 후에야 사업 성장이라는 원래의 목표에 집중하게 되었다.

프릴은 상품의 포장, 배송 업무도 비슷한 방법으로 해결했다. 사업 첫해에는 주문이 들어온 상품을 직접 포장하고 발송했다. 지루한 업무였지만 가능한 빨리 해치웠다. 그러나 주문량이 수백 건에 달하자 방법을 바꿔야 했다. 그는 연매출의 50퍼센트가 발생하는 12월 연휴 시즌에는 하루 종일 포장만 해야 했다.

"말도 안 되는 일이었습니다. 하루에 1,000건이 넘는 주문을 소화했으니까요. 아내까지 고생했죠. 아침에 일어나서 잠들기 전까지 일만 했습니다. 연휴 기간에는 주문을 처리하느라 하루에 열일곱 시간 정도 일했던 것 같아요."

고객의 불만 없이 상황을 개선할 방법이 떠오르지 않자 인터넷을 뒤지며 방법을 찾아 나섰다. 조사 끝에 그는 이베이를 떠나 주문처리 업무 일체를 제공하는 거대 전자상거래 사이트로 둥지를 옮겼다. 프릴의 매출 대부분이 발생하는 거대 소매 사이트의 물류창고로 상품을 배송하면 그곳에서 포장과 발송 업무를 맡아 처리한다. 업무대행 비용으로 판매가 이뤄질 때마다 매출의 35퍼센트를 수수료로 내야 했다. 하지만 장점이 많았다.

"꽤 큰 비용이지만 제가 할 일이 많이 줄었어요. 사이트의 창고를 사용하고 주문처리 서비스를 이용하는 판매자에게는 홍보를 더 많이 해주기도 합니다." 물류창고 서비스를 이용한 덕분에 본인이 소유한 84평대의 창고에 여유 공간을 확보할 수 있어 추가로 창고를 임대할 필요가 없었다. 그렇게 되자 상당한 비용을 절약할 수 있었다. 그러나 반드시 그의 손을 거쳐야 하는 일도 여전히 있었다. 초기에는 최소한의 제품 포장과 바코드 입력 작업을 혼자 했지만, 현재는 뇌손상 환자들의 직업재활을 돕는 카셀 앤드 어소시에이츠Cassell and Associates에 의뢰한다. "이전에는 특별한 기술이 필요하지 않은 육체노동에 시간을 많이 빼앗겼지만 이젠 달라졌습니다."

단순 노동이 필요 없어지자 그는 아이들과 놀아주고, 아내와 축구 경기에도 참여하고 일주일에 두 번씩 친구들과 농구를 하며 재충전의 시간을 마음껏 누린다. 비디오 게임에 대한 사랑은 식지 않았지만 요즘은 한 달에 한두 번만 게임을 한다. 컴퓨터 모니터 앞을 벗어나 환기의 시간을 갖는 덕분에 사업의 성장에 집중하는 여유를 얻었다. 사업은 가족에게 든든한 수입원일 뿐 아니라 자유까지 보장하고 있다.

단순하고 일상적인 업무 시간을 최대한 줄이는 창의적인 방법은 많으며 현재도 새로운 해결책이 계속 생겨나고 있다. 100만 달러의 1인 기업에 정석은 없다. 다른 사람에게는 최적의 대안이더라도 나에겐 그렇지 않을 수 있기 때문에 자신에게 맞는 리서치 수단이 무엇인지 찾아야 한다.

스파이가이의 앨런 월턴은 인내로 결실을 맺었다. 맷 프릴과 마찬가지로 월턴 역시 사업 첫해는 배송 업무로 많은 시간을 허비해야 했다. 다양한 조사 끝에 그는 시핑이지ShippingEasy라는 온라인 서비스를 활용해 일을 덜 수 있었다. 월턴이 운영하는 웹사이트에 주문이 들어오면 자동적으로 시핑이지에 전달된다. 그 후 시핑이지가 제품의 공급업체를 확인해 주문을 다시 전달하는 식이었다. 월턴이 이미 시핑이지에 상품의 무게와 사이즈를 등록해두었기 때문에 공급업체에서는 정확한 사이즈의 박스에 상품을 포장한다. 시핑이지에서 자동화 시스템으로 우편물 라벨과 우편요금을 처리해주어 업체에서 고객에게 바로 발송이 가능했다. 본인 또는 직원이 처리할 업무가 사라지자 월튼은 사업 성장에 매진할 수 있는 시간적, 경제적 여유를 얻었다.

월턴은 이렇게 말했다. "장차 1,000만 달러 기업을 세우는 것이 제 목표입니다. 때문에 기업을 폭발적으로 성장시킬 수 있는 업무에만 시간을 할애해야 합니다."

🖐️ 이상적인 작업 흐름을 만들기 위해서는

라즐로 내들러는 자신의 머릿속은 물론 일정을 최대한 가볍게 만들기 위해 제거Eliminate, 자동화Automate, 위임Delegate, 연기Procrasti-nate라는 전략을 쓴다. 중요하지 않은 일을 없애고, 반복적이고 품이 드는 업무는 자동화하며, 독립계약자를 고용해 아웃소싱 하는 방법에 대해 항상 고민한다. "집중력을 분산시키는 일이 너무 많습니다."

이것은 자신의 업무를 객관적으로 바라보는 과정이기도 했다. "가장 이상적인 작업 흐름을 유지하기 위해 일종의 깔때기로 업무를 걸러냅니다." 이런 과정을 위해 스스로에게 이런 질문을 한다.

- 내가 하지 않아도 되는 일은 무엇인가?
- 아웃소싱으로 처리할 수 있는 업무는 무엇인가?
- 지금 당장 처리하지 않아도 되는 일은 무엇인가?
- 내가 거절할 수 있는 일은 무엇인가?

누구나 활용할 수 있는 방법이다. 중요한 것은 위의 질문에 대한 대답을 실천할 수 있느냐이다.

믿을 만한 사람을 섭외하라

성공적으로 사업을 시작했더라도 좋은 팀을 꾸리지 못한다면 교착상태에 빠지게 된다. 계약직원이나 외주 업체에 반드시 일을 맡겨야 한다는 게 아니다. 그게 누구든, 사업 성장에 이바지할 유능한 인재를 찾는 게 무엇보다 중요하다.

라즐로 내들러의 경우 계약직을 고용해 위탁할 수 있는 업무는 무엇인지, 단순 반복적이고 품이 드는 업무를 자동화할 방법이 있을지 항상 고민한다. 업워크나 프리랜서닷컴 등 필요한 인력을 구할 수 있는 온라인 플랫폼이 많아졌다. 이런 사이트를 통해 작은 프로젝트를 맡긴 뒤 결과물을 확인하고 품질 외에도 중요한 사항들, 약속된 일정을 준수하는지 등도 파악할 수 있다. 자신이 평소 만나는 사람이나 지인을 통해 필요한 인재를 구하는 것도 해법이다. 내들러는 동생과 저녁식사를 하던 중 웹사이트에 게재할 사진 모델에 어울리는 여성을 발견하기도 했다.

외부업체와도 마찬가지였다. 내들러는 온라인 카피와 디자인 평가를 위해 스플리틀리Splitly라는 사이트에 A/B 테스팅을 의뢰해 소비자 선호도를 조사했다. 그가 몇 시간이나 매달려야 했을 일을 덜어낸 셈이었다. 스플리틀리는 작은 규모의 업체였지만 그가 항상 추구했던 것을 몸소 증명하는 곳이었다. "훌륭한 인재가 있다면 기업의 규모는 상관없습니다."

손이 가벼워진 이상 외주업체의 성과에 촉각을 곤두세워야 한다. 업체가 제 역할을 다하지 않는다면 사업에 차질이 생기는 것은 물론이고, 고객들마저 등을 돌릴지도 모른다. 제3장에서 만났던 전자책 사업가 저스틴 고프는 한때 비슷한 문제에 시달렸다. 그는 군대식 운동법 콘텐츠를 판매하여 성공을 거둔 후 두 번째 100만 달러 기업, 패트리어트 헬스 인스티튜트Patriot Health Institute 사이트를 개설해 남성을 위한 건강보조제를 판매했다. 그는 페이스북 마케팅을 활용해 연간 100만 달러 매출을 달성하는 1인 기업으로 만들었다. 고객의 주문은 제3자 물류센터에서 대행했다. 그러나 사업을 시작한 지 1년이 지나 고객 서비스를 감당할 수 없어 사업체를 매각해야 하는 상황이 닥쳤다. 패트리어트 헬스 인스티튜트를 검색했을 때 고객들의 불만 사항과 회사에 이상이 생겼는지 묻는 글을 여러 건 찾을 수 있었다. 이에 대해 고프는 솔직하게 대답했다. "저희의 문제 중 하나는 새로운 고객을 유치하고 고객이 좋아할 상품을 만드는 데 너무·실력이 뛰어났다는 겁니다. 가장 큰 문제는 고객 서비스였어요. 처음에는 이메일로 고객 서비스 업무를 진행하려고 했지만 잘못된 생각이었습니다. 저희 사이트를 찾아오는 주 고객층이 50대에서 70대였으니까요. 이 연령층의 고객은 이메일보다는 전화를 선호한다는 사실을 놓쳤던 거죠." 이후 외부업체에 고객전화 응대 서비스를 일임했지만, 그 업체에서 더 나은 서비스를 제공했으면 하는 아쉬움이 있었다고 그는 말했다.

고프는 처음부터 기업을 가능한 작고 가볍게 운영하고자 했으나

"이런 문제가 생기면 어쩔 수 없이 역효과가 생깁니다."라고 말했다. 약 4만 건의 판매 가운데 평균 일곱에서 열 건의 고객 불만이 발생했다고 했다. "사실 굉장히 낮은 비율이죠." 그러나 온라인상의 글은 오랫동안 기업에 안 좋은 영향을 미쳤다.

이 경험으로 고프는 값비싼 교훈을 배웠다. 스스로 훌륭한 카피라이터로 사람들을 사이트로 모으고 실제 구매까지 하게 만드는 능력은 출중했으나 기업 운영의 실무와 훌륭한 조력자를 찾는 일에는 미숙했다. 그는 보다 큰 규모의, 필요한 기능과 인력이 잘 갖춰져 있는 한 건강보조제 기업에 익명의 동업자silent partner(출자를 하고 의사결정권을 가지나 실제 업무에는 관여하지 않는 동업인—옮긴이)가 되었다. "패트리어트 헬스 인스티튜트를 대단히 성공적인 기업으로 키우고자 했다면 제대로 된 인프라도 갖추고 저를 도와줄 인력도 구해야 했을 겁니다."

고프는 현재 새로운 시작을 앞두고 있다. 고프에게 매력적인 가격을 제시했던 몇몇 오너들에게 건강보조제 회사의 지분을 모두 매각했다. 그는 기업가정신이 살아 숨 쉬는 텍사스주 오스틴으로 옮겨 기회를 엿보고 있다. "또 하나의 성공적인 기업을 만들려고 하지만 아직은 무엇이 될지 모르겠습니다." 다양한 사업에 도전하는 이 기업인에게는 이 모든 일이 시야를 넓히고 능력을 키우는 과정일 뿐이었다.

🖐️ 주기적으로 영감을 자극하라

사업을 운영하면서 필연적으로 반복될 수밖에 없는 업무에 잠식되지 않으려면 삶이란 큰 틀에서 성취하고 싶은 목표를 끊임없이 상기해야 한다. 라즐로 내들러는 창의력과 영감을 자극하고, 자신이 하는 일의 목적을 되새기기 위해 다른 수많은 100만 달러 기업인들처럼 탐욕스럽게 독서한다.

내들러가 추천하는 책과 사이트를 아래에 소개한다.

• 그렉 맥커운Greg McKeown의《에센셜리즘》Essentialism

"한 번에 모든 것을 성취하려는 욕심에서 벗어나 상위 5퍼센트 우선순위에 있는 일을 가려내고 나머지 일들은 가장 중요한 일이 끝날 때까지 보류하는 방법을 배워야 합니다."

• 빅터 프랭클Viktor Frankl의
《죽음의 수용소에서》Man's Search for meaning

"프랭클은 아우슈비츠 수용소의 생존자로 모든 것을 잃었지만 (그 경험을 통해) 로고테라피 이론을 완성했습니다. (로고테라피는 삶의 의미가 인간에게 가장 중요한 동력이라는 믿음에서 비롯된 이론이다.) 삶 속에서 '왜'를 찾아야 '어떻게' 살 것인지도 방법을 찾을 수 있습니다."

• 브레인 피킹스 사이트(brainpickings.org)

내들러는 예술, 시, 과학 등 비즈니스와 상관없는 분야의 '흥미로운 글'을 읽으며 창의적 영감을 얻고 있다.

A/B 테스팅

온라인 고객의 역할이 큰 비즈니스를 운영한다면 사이트에서 고객이 특정 페이지나 링크를 누르는 요소가 무엇인지, 무엇이 고객의 구매, 구독 혹은 심지어 인증사진을 찍어 소셜 미디어 캠페인에 참여하는 반응을 이끌어낼 수 있는지 파악해야 한다. 직감만으로 사람들의 반응을 예측할 수는 없다. 사이트 방문자에게 무엇이 좋고 싫은지 물어보는 것이 효과적인 해법이 될 수 있다. 그러나 방문객들은 자신이 어떤 장치에 이끌려 클릭하는지 드러내고 싶어 하지 않는 경우도 있다.
이때, 웹사이트 분석 도구를 적절히 활용한다면 사이트에서 고객이 가장 많이 방문하는 페이지가 무엇인지, 어떤 경로를 따라 사이트를 이용하는지 고객의 행동패턴을 파악할 수 있다. 이 정보들은 굉장히 귀중한 자료가 된다. 고객의 반응에 따라 머릿속에 구상 중인 디자인을 하루 바삐 실현해야 하는 경우도 생긴다. 바로 이때가 A/B 테스팅이 필요한 시점이다. A/B 테스팅를 활용하면 사이트에 게재할 페이지를 두 가지 버전으로 만들어 타깃 고객층에 노출한 뒤 어떤 버전의 페이지가 효과적인지 알 수 있다. 이때, 두 개의 버전에 유입되는 트래픽을 반으로 나눠 조절해야 한다.

A/B 테스팅 도구는 쉽게 찾아볼 수 있다. 내들러는 스플리틀리(splitly.com)를 가장 선호한다. 이외에도 옵티마이즐리(optimizely.com), 브이더블유오(vwo.com), 그리고 구글 애널리틱스Google Analytics의 하나인 구글 애널리틱스 콘텐트 실험Google Analytics Content Experiments(https://support.google.com/analytics/anser/1745147)이 있다. 서비스를 채택하기 전에 몇 곳에서 무료 체험판을 시험할 수 있다. A/B 테스팅은 실제로 홈페이지에 적용했을 때만 효과가 있기 때문에 컴퓨터 전문가가 아니라면 자신이 사용하기 쉽고 가장 직관적으로 느껴지는 툴을 채택하는 것이 좋다.

제6장

유연하게
운영하라

The Million-Dollar, One-Person Business

캐서린 크루그가 킥스타터에서 자세 교정 기구인 베러백_{BetterBack} 제작 비용 마련에 성공한 것은 시작에 불과했다. 얼마 지나지 않아 그녀는 기업인들이 자신의 아이디어를 소개하고 투자금을 유치하는 TV 프로 그램 샤크 탱크_{Shark Tank}에 출현했지만, 제시된 투자금을 끝내 거절했다. 그럼에도 매스컴의 주목을 받아 그녀의 기업은 성장하기 시작했다. 사업을 시작한 지 꼭 365일 만에 그녀는 총 300만 달러의 매출을 달성했다. 현재는 2세대 상품 개발에 주력하고 있다.

사업이 규모를 더해가자 그녀는 스스로에게 물어야 했다. "베러백 그리고 내 인생의 비전은 무엇인가? 비전을 성취하기 위해 무엇을 해야 하는가?" 무서운 기세로 성장하는 1인 스타트업의 기업인들 가운데 사업체가 업계 내 확고한 니치 시장을 점유하고 전형적인 일자리 창출 기업이 되는 것이 목표인 경우도 있다. 또 어떤 기업인들의 비전은 최고의 자리를 유지하는 명품 기업이면서 1인 체제를 유지하는 것이다. 그러나 또 다른 누군가는 이 두 개의 비즈니스 모델을 섞은 비전을 갖고 있다.

마이크로 비즈니스 경영의 묘미는 자신에게 가장 잘 맞는 경로를 선택할 수 있다는 점이다. 가족이나 투자자들에게 어느 정도 마음의 빚을 지게 될 수는 있지만 이외에는 누구도 기업인의 결정에 관여하지 않는다. 그렇다 해도 주어진 자유를 맘껏 펼치기는 쉽지 않다. 독립적인 사람이라도 인간인 이상 다른 사람의 생각을 신경 쓰기 마련이다. 기업인이라면 마땅히 10억 달러 매출의 대기업으로 성장해야 한다는 신념을 지닌 사람들에게 둘러싸여 있는데 자신의 목표는 초경량 기업을 유지하며 자유로운 라이프 스타일을 추구하는 것이라면 주변인에게 지지나 존경을 이끌어내기는 어렵다.

상상만으로도 기운 빠지는 상황이지만 억지로 마크 저커버그나 일론 머스크의 뒤를 따를 필요는 없다. 진정으로 원하는 것이 무엇인지 고찰하고 자신만의 비전을 좇는다면 큰 보람을 느낄 수 있을 것이다.

참된 비전을 깨닫고 행복한 100만 달러 기업인으로 사는 사람들에게는 공통점이 있다. 첫째로, 기업인으로서 주변 온도를 지속적으로 확인하는 것이다. 기업 경영을 통해 무엇을 얻고 싶은지, 그것을 성취하기 위해 올바른 노력을 다하고 있는지 자문하고, 변해가는 주변 상황에 발맞춰 태도를 유연하게 수정해나간다. 둘째로, 뚜렷한 목표를 세우고 그 목표에 전념한다. 다만 목표를 수정해야 한다는 판단이 서면 망설이지 않는다. 마지막으로 적당한 때에 자신의 기업에 과감히 재투자하거나 주저하지 않고 새로운 목표를 좇는다. 이제 행복한 기업인의 세 가지 노하우를 알아볼 차례이다.

사업가에게는 적정한 '온도'가 있다

대다수의 100만 달러 기업인들은 사업을 경영하며 수반되는 일상적 업무에서 잠시 벗어나 비전을 생각하고 그것에 충실한지 자신을 점검하며 잘못된 방향이라는 생각이 들면 계획을 수정하는 시간을 갖는다. 한편 마이크로 비즈니스를 운영하며 매일 업무에 시달리다 보면 이런 여유는 갖기가 어렵다. 그러니 다람쥐 쳇바퀴 같은 업무에 갇혀 매출 성장이라는 목표에 가까워지지 못하는 사람이 되지 않으려면 한 걸음 물러나 전략적 사고를 해야 한다.

바쁜 일상을 대변하듯 말도 무척 빠르게 하는 캐서린 크루그는 자신의 비전에 대해 깊이 생각할 시간이 별로 없었다. 때문에 그녀는 자칭 확장·축소 모드를 가동시켰다. 기업을 지속적으로 확장시키는 동시에 바쁜 업무에서 벗어나 상황을 정확히 살피기 위해 매일 아침마다 사색의 시간을 갖는다. 온라인 인력 중개업체 섬택Thumbtack의 공동 창립자인 남편 조너선 스완슨Jonathan Swanson과 함께 아침에 일어나 그로우Grow(성장—옮긴이)라고 이름 붙인 명상의 시간을 보낸다. 부부는 각자 감사한 일과 반성하는 일, 더욱 잘하고 싶은 일, 자신이 바라는 일을 하나씩 이야기하고, 스스로에게 '내게 경외심을 갖게 하는 일은 무엇인가?' 질문하며 삶의 경이로움을 깨닫는다. 짧은 명상만으로도 그녀는 날마다 삶에서 진정으로 의미 있는 일이 무엇인지 되새기고 자신의 비전에 충실할 힘을 얻는다.

크루그는 자신의 내면을 들여다보는 시간을 통해 사업을 빠른 속도로 성장시키고 싶다는 마음과 더불어 자신의 뜻대로 삶을 살아갈 자유를 원한다는 것을 깨달았다. 그것은 직원을 감독해야 하는 일반적인 경영방식에서 탈피해야 한다는 뜻이었다. 밤낮을 가리지 않고 일을 해야 할 때도 있었지만 무엇보다 한 곳이 아닌 도쿄, 썬댄스 혹은 마이애미의 수영장이든 어디서든 일을 할 수 있는 자유가 그녀에겐 소중했다.

그녀는 자신이 무엇을 원하는지 알아내기까지는 시간이 걸렸다. 매출이 늘자 그녀는 다른 기업처럼 직원을 뽑아 회사의 주요 업무를 분담해야 하는 게 아닐까 하는 고민에 빠졌다. 직장생활 당시 동료들과 나누었던 '사회적 유대감'은 조직 외 다른 곳에서는 느낄 수 없는 값진 경험이기도 했다. 크루그는 직원을 채용해 석 달간의 수습 기간을 함께 일했지만 상황은 절망적이었다. "여러 프로젝트에 손을 댔지만 제대로 마친 일은 하나도 없었어요. 혹여 뭘 끝냈다 해도 훌륭하게 해낸 것도 아니었죠." 크루그는 한숨을 내쉬며 말했다.

직원을 트레이닝 시키는 방법도 있었고 다른 인재를 찾아볼 수도 있었지만 무엇보다 상사의 역할이 자신에게 맞지 않다고 여겨졌다. 더구나 사무실을 운영하며 처리해야 하는 행정적인 업무 역시 싫었다. "간접비용도 늘고 미팅도 너무 많아지기 마련이거든요."

결국 그녀는 초기의 방식 그대로 독립계약자들과 일하며 사업을 성장시키는 쪽을 택했다. 상품 디자인 전문가와 함께 제품을 만들 때 큰 희열을 느꼈던 그녀는 외부 계약직 및 컨설턴트들과 일할 때 더 신나게 일할 수 있다는 걸 알았다. 그들은 서로에게 충실한 관계일 뿐 아니라 크루그의 사업 말고도 자기 자신의 커리어를 위해 동기부여가 확실한 사람들이었기 때문이다. 독립계약자와 일하는 방식을 두고 그녀는 이렇게 표현했다. "업무를 잘 수행한다는 목표뿐이죠. 모두 즐겁게 일하는 분위기예요. 여의치 않는 상황이 오면 악감정 없이 헤어지는 거죠."

사업이 눈부신 속도로 성장해가는 동안 그녀의 라이프 스타일을 희생할 필요도 없었다. 자신이 원하는 방식으로 기업을 경영하겠다고 마음먹은 후 의식적으로 주의를 기울였기 때문이었다. "제 삶과 제가 세운 목표를 기준으로 기업을 만들어나갔어요. 그렇게 해야만 큰 영향력을 발휘할 수 있거든요. 제가 말한 영향력이란, 가능한 소규모의 팀원으로 진심을 다해 고객을 돕는 일이죠. 팀을 가볍게 유지하는 게 제 자유를 위해서도 중요하고요." 그녀는 과중한 업무 부담을 피하기 위해 앞으로 독립계약자들을 더 고용해 팀의 규모를 키워나갈 예정이다.

40대인 제이슨 와이즌솔Jason Weisenthal은 자신이 운영하는 전자상거래 기업 월몽키스WallMonkeys를 색다른 방식으로 확장해나갔다. 메릴랜드주 게이더스버그에 있는 월몽키스는 자녀들의 방 벽을 데코레이션하는 용도로 아이들이 스포츠를 즐기는 사진을 접착 스티커로 출력해판매하는 기업이다. 신발 가게를 운영했던 와이즌솔은 경제 불황이 닥치자 가게를 접고 자택 지하실에서 사업을 시작했다. 사업이 성공적으로 자리 잡으며 높은 매출을 거두자 그는 고객의 수요에 따라 맞춤 상품을 제작하는 온디맨드on-demand 프린트 시설을 열고 창고를 얻었다. 직원은 무려 다섯 명이나 고용했다. 그러나 기술적인 문제는 여전히 독립계약자들에게 맡기고 있다. "계약직 인재를 구할 때는 시선을 넓혀전 세계적으로 찾아야 합니다. 가까운 지역에서만 찾는다면 인재 풀이상당히 좁아지니까요." 와이즌솔은 이렇게 설명했다.

사업 성장의 기로에서 중요한 의사결정을 할 때마다 기업인들의모임에 참가하거나 페이스북 모임인 브라더후드The Brotherhood에서 활동하며 그는 많은 도움을 얻었다. "비슷한 처지에 놓인 유능한 사람들이 모여 질문을 주고받고 정보를 공유하는 자리는 무척 중요합니다."

회원제로 운영되는 연례행사 마스터마인드톡스MastermindTalks에서수많은 기업인 친구들과 교류하며 지혜를 얻기도 했다. 캘리포니아주의 나파 밸리 등 다양한 지역에서 열리는 이 행사는 선정된 기업인들만 참가할 수 있다. "이 모임의 친구들만큼 가깝게 지내는 사람이 없습니다. 이런 이벤트는 영혼을 위한 양식과 같죠."

캐서린 크루그와 제이슨 웨인센솔는 기업 운영 방식에 차이점을 보였지만 결론은 같았다. 1인 기업 운영이 그들 인생의 주된 목표가 아니라는 것이다. 평생을 바쳐 헌신해야 할 종교도 아니었다. 이들에게 1인 기업이란 안정적인 소득원이자 꿈꾸는 삶을 성취하도록 도와주는 도구였다. 두 사람 모두 자신의 경로를 변경하는 것에 망설임이 없었고 더 나은 길을 찾아 거침없이 나갔다는 점이 닮아 있었다.

1인 기업인으로서 시장 수요가 높아짐에 따라 기업의 확장을 두고 지금과 다른 선택을 해야 하는 순간이 찾아온다. 업무의 자동화가 될 수도 있고, 계약직을 고용하거나 아웃소싱, 혹은 정직원을 채용하는 것일 수도 있다. 결국 중요한 것은 기업인이 행복한 방식으로, 그 과정에서 누구도 상처받지 않는 선택을 하며 기업을 운영해야 하는 것이다.

목표를 계속 진화시켜라

사업이 성공을 더해갈수록 앞으로 나아갈 방향에 조언을 하는 사람 또한 많아지게 된다. 누구에게든 가르침을 받을 수는 있겠지만 자신만의 비전과 목표를 설정했다면 주변의 조언을 가려들을 줄 알아야 한다.

32세의 제이슨 게이너드Jayson Gaignard는 캐나다 토론토에 있는 마스터마인드톡스 창립자로, 와이즌솔이 극찬했던 3일간의 행사를 주최하는 기업인이다. 아내와 계약직 어시스턴트의 도움으로 운영되는 마스터마인드톡스는 확장성이 높은 기업이다. 150석에 한정된 자리를 선점하기 위해 4,000~5,000명의 기업인들이 신청하는 연례행사에는 팀 페리스 같은 유명 인사가 연설을 하며, 참가비용은 1만 달러나 된다. 천성적으로 중재자의 성향을 타고난 게이너드는 이메일로 비디오 인사말을 보내는 등의 기술을 일찍부터 활용한 얼리 어답터이기도 하다.

마스터마인드톡스의 성공에 힘입어 기업의 매출을 늘릴 방법은 많았다. 참여 인원 또는 행사 횟수를 늘리거나 참가비용을 더 높게 책정하는 것이 어떻겠냐고 많은 사람들이 그에게 제안하기도 했다. 그 또한 생각해보지 않은 것은 아니었지만 그런 방법은 쓰지 않기로 결정했다. 이미 초창기에 참가비용을 인상한 적도 한 번 있었다. 참가 인원을 160명으로 늘려보기도 했지만 행사 진행에는 규모가 크다는 결론에 이르러 다시 줄인 참이었다. 게이너드는 참석자들이 더욱 다양하게 교류할 수 있도록 하루에도 몇 차례 자리를 새로 안배하는 등 행사를 세심하게 운영해 참석자들에게 잊지 못할 경험을 선사하는 데 큰 의의를 두고 있다. "행사 자체가 훌륭하다면 추가로 마케팅을 할 필요가 없으니까요." 이것은 이미 그의 방식이 좋은 성과를 거두고 있고 그 방식을 유지하겠다는 의미였다.

게이너드가 자신의 상품 즉 행사의 품질을 위해서만 위와 같은 결정을 내린 건 아니었다. 대규모 행사를 개최하는 것보다 지금 방식이 경제적으로도 훨씬 이익이었다. 이전에 각종 티켓을 판매하는 티켓캐나다_{TicketsCanada}를 경영하며 150만 달러의 매출을 달성하고 35만 달러의 순이익을 남겼을 당시, 매출이 두 배인 300만 달러로 뛰면 순이익 역시 두 배가 될 거라고 그는 예상했었다. 그러나 매출이 높아진 만큼 간접비용 지출도 커져 예상만큼 수익이 성장하지 못할 거라는 생각은 못했다. "직원 수도 두 배로 늘려야 했고 사무실도 큰 곳이 필요했습니다." 그가 당시의 상황을 설명했다. 실제 300만 달러의 매출을 올렸을 때 순이익은 고작 40만 달러였다. 700만 달러까지 매출이 증가했을 땐 그 성과를 위해 직원이 스무 명 가까이 필요했고, 순이익 증가율은 매출 성장률에 비해 현저히 낮았다.

이때의 경험 때문에 게이너드는 마스터마인드톡스를 다른 방식으로 운영해야겠다고 결심했다. 연례행사와 그 외 작은 규모의 이벤트로 현재 기업은 연매출 170만 달러를 기록하고 있으나 작은 규모의 행사는 정리할 계획을 갖고 있다. "사업을 정리해서 우리가 정말 좋은 성과를 내고 있는 것에만 집중할 생각입니다." 그는 현재 매출 대비 40퍼센트에 가까운 이익을 내고 있고 결과에도 만족하고 있다.

"행사 참여자는 물론 저와 다른 이해관계자들 모두 성공을 거두고 있습니다. 규모를 더 키우자고 말하는 사람들이 많아요. 그때 저는 이렇게 대꾸합니다. '그럴 필요가 있습니까?' 제 연봉은 25만 달러나 되고 사업에 재투자할 사내보유금도 많이 확보되어 있어요. 돈을 지금보다 더 벌어야 한다고 생각하세요?"

💰 집중력을 분산시키는 것들을 제거하라

너무 여러 가지를 좇는 것은 목표 성취에 가장 큰 장애물이 된다. 기업인은 직업병처럼 새로운 기회를 계속 좇지만 그렇게 하면 결국 그 어떤 것도 제대로 이뤄낼 수 없다고 베러백 창립자 캐서린 크루그는 말했다.

"실제로 사업에 도움이 되는 일보다 흥미로워 보이는 기회를 좇는데 많은 시간을 허비해요. 그저 몇 가지를 잘해내는 것만으로도 충분히 성공할 수 있어요."

새로운 기회에 현혹될 때마다 그녀는 상황을 명확하게 정리하기 위해 스스로에게 몇 가지 질문을 한다.

- 사업에 커다란 효과를 가져올 수 있는 일인가?
- 6개월 후에 한다면 사업에 부정적인 영향을 미치는가?
- 6개월 후에는 사라질 기회인가?

"이 질문에 모두 '아니'라는 생각이 들면 6개월 후에 시도해요." 그녀의 말이었다.

'아니오'라고 말하라

귀를 솔깃하게 하는 기회를 냉정하게 판단할 줄 아는 것은 초경량 기업으로 엄청난 매출 증대를 원하는 사람에게 필요한 자질이다. 서른네 살의 애덤 본스틴Adam Bornstein과 스물여섯 살의 동생 조던Jordan 형제는 이를 잘 알고 있었다.

콜로라도주 덴버에서 형제는 자신들의 열정을 좇아 사업 두 개를 운영하며 100만 달러 이상의 매출을 달성하고 있다. 두 사람이 운영하는 기업 중 한 곳인 본 피트니스Born Fitness는 다이어트 식이요법 코칭 업체이다. 다른 하나는 펜 네임 컨설팅Pen Name Consulting이란 이름의 컨설팅 기업으로 출판, 소셜 미디어 마케팅, 팟캐스트 등의 콘텐츠 창작에 관한 전략 수립부터 브랜딩 업무 일체를 제공하며 팀 페리스, 아널드 슈워제네거, 에퀴녹스 피트니스Equinox Fitness(미국의 고급 피트니스 센터—옮긴이)등 수익성이 높은 고객을 다수 확보하고 있다. 두 기업 모두 최대한 가볍게 운영되고 있다. 본 피트니스의 직원은 다섯 명뿐이다. 펜 네임 컨설팅의 경우 형제만이 유일한 직원으로 필요할 때마다 전문가를 계약직으로 고용하며 기업을 경영하고 있다.

한 번에 두 명 혹은 세 명의 '중요' 고객과만 일하는 펜 네임 컨설팅을 성장시킬 기회는 수없이 많았다. 그러나 형제는 자신들의 경영 비전에 충실하고자 이상적인 고객이 아니면 거침없이 '아니오'라고 말한다.

"기업 성장이 고객 규모와 직결된다고 대부분 생각하죠. 저희에게 성장이란 우리가 고객에게 무엇을 얼마나 해줄 수 있는가 입니다. 저는 고객의 성공으로 성과를 말하고 싶어요. 제 고객들이 실패를 겪지 않길 바랍니다. 최고의 마케팅 전략이란 내가 하는 모든 일에 놀라운 실력을 보여주는 거라고 생각합니다.”

그렇다고 현재에 머무르겠다는 뜻은 아니었다. 두 사람은 매출 증대를 위해 1년에 한두 차례 투12two12라는 최고급 비즈니스 행사를 개최한다. 두 사람의 시간과 집중력이 행사에 너무 빼앗기지 않도록 65명의 신청자만 받으며 작은 규모로 운영한다.

성장 정체기가 오면

100만 달러 기업이란 비전을 갖고 있지만 매출이 성장할 기미가 없다면 문제점을 진단해줄 멘토나 코치를 만나보는 것도 좋은 방법이다. 본 피트니스가 50만 달러 매출은 넘어섰으나 100만 달러 매출로 좀처럼 상승하지 않자 애덤 본스틴은 노아 케이건Noah Kagan을 경영코치로 채용했다. 페이스북에서 근무했던 케이건은 현재 수모Sumo 사이트를 운영하며 스타트업 기업인들을 대상으로 뉴스레터를 발행한다.

“노아는 제게 간단한 질문을 했습니다. 제가 기업을 운영하며 가장 잘하는 것은 무엇이고, 또 어떻게 해야 더 잘할 수 있는지 물었어요.” 케이건과의 만남을 회상하며 본스틴이 말했다.

자신이 가장 잘하는 것은 독창적인 고도의 고객 맞춤형 다이어트 코칭이라고 확신했지만 지금보다 더 잘할 수 있는 방법이 무엇인지는 알 수 없었다. 케이건과의 대화를 통해 그는 자신의 자아가 비즈니스에 관여하고 있다는 것을 깨달았다. 고객들이 본 피트니스에 찾아오는 이유는 고객 맞춤형 코칭 서비스 때문이었지 반드시 그가 코치로 필요한 것은 아니었음을 알게 되었다.

연매출 100만 달러를 목표로 본스틴은 자신의 기술을 다른 코치들에게 가르치고 회사에 다섯 명의 직원을 들였다. "직원을 고용하기로 결정했습니다. 제 일을 가르치고 제가 고객들에게 제공하는 친절한 서비스가 모자람 없이 전달될 수 있도록 교육을 철저히 했습니다."

인내가 필요했지만 모든 고객이 피트니스, 식이요법, 라이프 스타일 개선 세 분야에 걸쳐 각각의 전담 코치를 배정받아 맞춤형 서비스를 누리는 완벽한 시스템을 만드는 데 성공했다. 경영 변화 이후 고객의 만족도와 매출 성장률은 높아졌고 서비스를 연장하는 고객도 증가했다. "제 목표는 다른 사람의 돈을 받아내는 게 아닙니다. 고객 만족이 중요해요. 그래야 제게 지속적으로 투자를 할 테니까요." 이런 신념 덕분에 그는 연매출 100만 달러를 상회하는 수익성 높은 기업을 만들 수 있었다.

애덤 본스틴 외에도 자신의 주의를 산만하게 하는 일에서 벗어나기 위해 코치의 도움을 받은 기업인은 많았다. 제이슨 와이즌솔은 새로 진행해야 하는 프로젝트를 자꾸 미루고, 문자 메시지에 답장을 하는 등의 아주 사소하고 무의미한 일에 시간을 많이 빼앗겨 고민에 빠져 있을 때 코치를 추천받고자 행사에서 만났던 사람들에게 연락했다. 사람들에게서 자주 언급되는 인물은 와이즌솔 역시 아는 사람이었다. "저보다 더 성공적으로 전자상거래 사업을 이끌고 있는 기업인이었습니다. 자존심을 굽히고 그 사람을 고용했죠."

코치를 곁에 둔 지금 와이즌솔의 집중도는 훨씬 나아졌다. "많은 일을 벌려놓고 제대로 마치지 못하고 있었어요. 하나를 끝내고 다른 일로 넘어가는 법을 익혀야 했습니다. 그가 큰 도움을 주었습니다."

💰 현명한 재정 관리

: 릭 에덜먼과의 Q&A

높은 매출을 달성한 후에는 경제적 자유 속에서 자신이 원하는 라이프 스타일을 누릴 수 있을 거라고 예상하지만, 실제로는 기업의 재정 상태에 주의를 기울이고 현명한 관리를 해야 한다. 끊임없는 노력뿐 아니라 전문가의 도움 역시 필요하다.
유명한 재정 자문가이자 직장인과 자영업자 모두가 맞닥뜨릴 현실적 문제를 해결하는 방법을 다룬 《미래의 실상》The Truth About Your Future의 저자인 릭 에덜먼Rick Edelman의 이야기에 귀를 기울여보자. 그는 장기적인 관점에서 다양한 곳에 분산투자를 하고,

전략적으로 자산 포트폴리오를 리밸런싱하며, 기하급수적 기술 분야에 투자를 진행한다는 나름의 방침을 갖고 있다.

Q. 자의든 타의든 많은 사람들이 현재 프리랜스 경제에 합류하고 있습니다. 이들에게 꼭 하고 싶은 조언이 있다면 무엇인가요?

에덜먼: 자영업자의 큰 특징이라면 재정적인 안정이 자신의 손에 달려 있다는 점입니다. 대기업에서 일하는 직원이 받는 월급은 전체 보상액의 60퍼센트밖에 되지 않는다는 사실을 많은 사람들이 모릅니다. 나머지 40퍼센트는 보험, 유급휴가, 퇴직연금 등의 비현금성 보상이죠. 자영업자들은 이런 혜택을 누리지 못합니다. 잔디깎이 일을 한다면 집주인이 잔디를 깎는 노동에 해당하는 비용은 지불하지만 퇴직연금에 가입해주진 않죠. 따라서 자영업자로서 오로지 현금으로만 전달되는 수입이 직장에서 제공하는 보상에 비해 충분한지 따져봐야 합니다.

Q. 자영업자와 중소기업 오너들은 일반 직장인들과 다른 방식으로 투자를 해야 할까요? 만약 그렇다면 어떻게 투자해야 합니까?

에덜먼: 《미래의 실상》을 참고하면 투자 아이디어를 얻을 수 있습니다. 책에 소개된, 미래를 대비해 저축을 하는 방향성 전략은 고용 형태나 소득 수준에 관계없이 누구나 채택할 수 있습

니다. 사업으로 성공하고 싶다면 반드시 필요한 자질이 몇 가지 있습니다. 가장 중요한 것은 민첩성이죠. 기회는 어느 날 갑자기 나타나니까요. 새로운 경쟁자와 과학 기술, 개편된 법안, 가격 변동 등 다양한 변화가 닥치기도 합니다. 경쟁력을 갖추려면 굉장히 민첩하게 적응해나가야 해요.

그러나 투자에서 민첩성이란 마켓타이머$_{market\ timer}$를 의미합니다. 주식시장에서 타이밍에 따라 매수와 매도를 오간다는 뜻이죠. 이런 거래는 절대로 성공할 수 없습니다. 주식시장의 흐름에 너무 민감하게 반응하면 좋은 결과를 기대하기 어렵습니다. 두 번째 자질은 집중력입니다. 기업인이라면 시간과 돈이라는 자신의 모든 자원을 기업 운영에 집중시켜야 합니다. 하지만 이런 식으로 단일종목에 집중투자한다면 집중화에 따른 위험으로 크게 무너질 수 있습니다. 다양한 종목에 분산투자를 해야 합니다.

투자 포트폴리오를 구성할 때는 기업인의 본성을 경계해야 합니다. 거래를 너무 자주하지 마세요.

Q. 회계 소프트웨어 업체인 프레시북에서 진행한 최근 조사에 따르면 대다수의 기업인들이, 심지어 50대 기업인들마저도 퇴직계좌가 없는 것으로 드러났습니다. 이미 늦긴 했지만 지금부터 저축할

수 있는 방법이 있을까요?

에덜먼: 얼마를 적립하고 싶은지, 매년 적립할 수 있는 금액이 어느 정도인지에 따라 달라집니다. 가장 쉽고 간단한 방법은 SEP_{Simplified Employee Pension} IRA 계좌입니다. (스몰 비즈니스를 운영하는 오너, 개인사업자 혹은 부동산 에이전트, 보험설계사와 같은 프리랜서에게 적합한 계좌로 수입의 25퍼센트, 최대 5만 4,000달러까지 적립할 수 있다.) 언제든 만들 수 있는 계좌죠. 매년 적립금을 유동성 있게 조율할 수 있습니다. 이보다 큰돈을 적립할 수 있는 여러 은퇴기금 플랜도 있습니다. 이런 상품의 경우 매년 적립해야 하는 의무가 있습니다. 가장 간단한 방법은 자영업자 및 중소기업 오너의 퇴직금 마련 플랜을 잘 아는 재정 자문가에게 상담을 받는 겁니다.

Q. 자영업자의 경우 높은 세금 때문에 저축이 어려운 경우가 많습니다. 좋은 회계사를 두는 것도 방법이 되겠지만 세금 부담을 줄이기 위한 다른 방법은 없을까요?

에덜먼: 미국의 큰 장점은 바로 자본주의자들이 설립한 나라라는 것입니다. 미국 세목 코드_{tax code}는 기업인들에게 유리하게 만들어져 있습니다. 잘 활용하면 기업인들이 세금 공제 혜택을 적용받을 수 있습니다. 중소기업 오너들 가운데 조금 전에 이

야기한 은퇴연금이나 사업비용 처리, 감가상각을 잘 몰라 세제 혜택을 받지 못하는 사람들이 무척 많습니다. 사실 세금 혜택을 받을 수 있는 부분이 많이 있습니다. 세목 코드에 대해 직접 공부하거나 전문 세무사를 고용하면 도움이 됩니다

재투자 시기와 그렇지 않을 때를 어떻게 구별할까

성공적인 기업을 운영할 때 가장 신나는 일은 우리가 원하는 만큼 사업을 확장할 기회가 주어진다는 점이다. 사업에 투자를 더해 더 많은 고객층을 확보하는 것이 효과적일 때도 있다. 바로 이것은 캐서린 크루그가 고객의 피드백을 접한 뒤 내린 선택이었다. 베러백 상품에 핫팩과 아이스팩의 기능이 있는 찜질팩을 추가했으면 좋겠다는 의견을 들은 뒤 그녀는 바로 제품 개발에 나섰다. "남들과는 다른 무언가를 해야 해요. 아무도 해내지 못한 방식으로 혹은 극소수의 사람만이 아는 방식으로 기업을 성장시키고 규모를 확장시킬 방법이 달리 있을까요?"

서른여덟 살의 할 엘로드Hal Elrod도 유사한 방식으로 출판 사업을 확장해나갔다. 전직 세일즈맨이었던 그는 죽을 수도 있었던 심각한 교

통사고를 당한 후 인생을 달리 보게 되었고, 이 경험을 바탕으로《미라클 모닝》The Miracle Morning이라는 책을 출간했다. 자신이 운영하는 팟캐스트를 활용해 도서를 홍보하고 행사를 개최하며 적극적으로 독자들과 소통한 결과 이 책은 대형 온라인 서점에서 엄청난 호응을 이끌어냈다.《미라클 모닝》은 현재 24개의 언어로 출간되었다. "글쓰기 재능은 없는 것 같아요. 책을 쓰는 데 3년이나 걸렸어요." 책 출간 후 이듬해 50만 달러 이상의 매출을 거두었다. 매출이 100만 달러에 가까워지자 그는 어시스턴트를 고용해 사업을 이끌었다. 출간 후 3년이 되던 해 연매출이 150만 달러에 이르렀고 상당한 수익을 거두었다. 그다음 해에는 240만 달러의 매출을 달성했다.

책의 성공을 발판삼아 사업 재투자를 결정했고 지금까지 실전노트편을 포함해 열 권의《미라클 모닝》시리즈를 발간했다. 저술 활동과 기조연설, 개인 코칭, 컨설팅 등 여러 분야에서 활동하며 높은 매출을 안정적으로 거두고 있는 그는 기업의 규모를 키우며 성장해나가는 과정에서 큰 기쁨을 느끼고 있다.

"항상 혼자 일했는데 이제는 팀이 필요해졌습니다. 현재는 독자들 그리고 제 커뮤니티에 속한 사람들에게 정말 도움이 되는 프로그램이나 제품을 만드는 사람들과 파트너를 맺어 함께 일하고 있습니다."

이러한 파트너십의 일환으로 3년째 플로리싱 리더십 인스티튜트Flourishing Leadership Institute의 공동 창립자이자 파트너인 존 버그호프John Berghoff와 베스트 이어 에버 블루프린트Best Year Ever Blueprint라는 행사를 개최하고 있다. "참석자들과 직접 소통하고 그들에게 경험적 가치를 제공하는 이벤트를 여러 해에 걸쳐 해본 건 처음이었습니다." 엘로드가 말했다. 그러나 버그호프는 전 세계적으로 이런 행사를 주최한 경험이 많았다.

"첫 번째 행사를 함께한 후 반응이 대단했습니다. 존과 제 장점이 잘 녹아든 이벤트였죠. 서로가 추구하는 가치의 교집합을 찾고 각자의 장점이 더욱 시너지를 발휘하는 것, 바로 성공적인 파트너십의 비결입니다."

한편 작은 규모로 고가의 상품을 다루는 부티크 기업을 운영한다면 이미 들어간 자금보다 더 많은 금액을 투자하거나 할 엘로드처럼 다양한 모험을 감행할 필요는 없다. 제이슨 게이너드는 마스터마인드 톡스를 현재 규모로 유지하기로 결정한 후 사업 수익을 새로운 프로젝트에 투자하기 시작했다. 바로 컨설턴트로 일하며 기업인들의 사업 성장을 돕는 일이었다. 그것은 그가 이미 하고 있는 일의 연장선상이었다. 게이너드는 이렇게 말했다. "제 자신의 능력도 잘 알고 인맥과 노하우도 갖고 있습니다. 창업이라면 자신 있는 분야죠. 새로 시작한 비즈니스를 매출 제로에서 100만 달러까지 단기간에 끌어올리는 게 제 전문입니다."

물론 이 책에 소개된 기업들 가운데 훗날 기업인의 의도나 예상과 다른 결론을 맞는 경우도 분명 있을 것이다. 폐업을 하거나 실패를 할 수도 있다. 사업체를 매각하는 기업인도 있을 것이다. 그러나 1인 기업을 유지하든, 직원을 고용해 큰 기업으로 확장한 상태이든 기업 형태에 관계없이 대다수의 기업인들은 분명 성공가도를 달리고 있을 거라고 생각한다. 또한 고매출 초경량 기업을 통해 자신이 원하는 삶을 살아가고자 하는 사람이 늘고 있는 중이니 이 모든 과정은 더욱 쉬워질 것이다. 성공적인 기업을 만드는 과정에 대해 솔직한 이야기를 들려준 여러 기업인들에게 감사를 표하고 싶다. 성공적인 1인 기업인의 물결에 합류할 준비가 되었는가? 바로 오늘, 첫 발을 떼고 당장 시작하길 바란다.

당신이 바라던 자유로운 삶을 실현하라

이 책은 훌륭한 팀이 있었기에 완성될 수 있었다.《나는 직원 없이도 10억 번다》에 기여한 많은 사람들에게 고마움을 전하고 싶다. 특히 자신의 경험과 지식을 가감 없이 들려준 모든 사업가에게 감사드린다.

이 책 집필을 통해 1인 기업가의 잠재력을 마음껏 탐구할 수 있었다. 그 과정에서 기업가정신으로 자유의 길을 열 수 있는 방법을 여러 면에서 엿볼 수 있던 것은 내게 커다란 '발견'이었다. 내가 깨달은 '발견'이 새로운 길을 찾고 있는 누군가에게 작게나마 도움이 되길 바란다. 나아가 꿈꿔왔던 삶을 실현하는 마중물이 된다면 저자로서 더할 나위 없이 기쁠 것이다.

부록

사업 시작에 필요한
생각과 도구들

The Million-Dollar, One-Person Business

100만 달러 1인 기업의 시작과 경영이라는 특강을 수료한 독자들에게 축하 인사를 보낸다. 이 책이 고매출 초경량 기업을 시작하는 데 도움이 되었길 바란다. 미래 경제가 어떻게 변화하든 1인 기업은 하나의 새로운 커리어 옵션이 될 것이다.

100만 달러 1인 기업은 단순히 매출의 규모에 관한 게 아니다. 같은 100만 달러라도 다른 사람에게는 25만 달러의 가치일 수도 있기 때문이다. 매출의 가치는 개인의 재정적 책임감과 삶의 목표에 따라 달라진다. 이 책의 목표는 기업 운영을 바라보는 새로운 시각을 제시하는 것이었다. 삶을 유지하는 데 필요한 것들이 무엇인지 현실적으로 접근하고, 개인의 시간을 희생하지 않으면서 많은 자영업자들이 항상 시달리는 경제적 불안감을 극복할 수 있는 방법을 말하고 싶었다. 이 책에서는 일을 새롭게 정의했다. 내 삶의 우선순위를 정하고 나 자신은 물론 내게 중요한 것들을 지켜주는 기업을 만드는 것이 일이자 직업이 되어야 한다고 말한다. 삶의 양식이 변함에 따라 개인의 우선순위도 달라진다. 어쩌면 매출과 수익 증대를 적극적으로 좇게 될 시기가 찾아올 수도 있다.

이 책에서 배운 내용을 마음에 새기고 여러 기업인들의 이야기에서 얻은 교훈을 실제로 적용한다면 단 한 번도 꿈꿔본 적 없던, 가슴 떨리는 가능성을 만나게 될 것이다. 로봇이 직업을 앗아갈까, 정부에서 지급하는 '기본소득'에 의지해 살아야 하는 날이 올까 걱정하지 않아도 된다. 게다가 타의에 의해서가 아니라 스스로 운명을 결정할 수 있다. 우리는 1인 결정권자로서 훨씬 나은 선택권을 갖게 될 것이다. 어떤 선택이든 나 자신말고 누군가의 허락을 기다릴 필요가 없다.

다른 중요한 일과 마찬가지로, 100만 달러의 1인 기업을 시작하기에 앞서 고민하고 내면의 목소리에 귀를 기울이는 시간을 가져야 한다. 새로운 상품이나 서비스 같은 기발한 비즈니스 아이디어를 떠올리는 건 쉽지 않지만 이후 초경량 기업을 100만 달러의 매출로 이끄는 과정은 큰 도전으로 다가올 것이다. 성공한 기업인들의 이야기를 접하며 방법을 터득하는 것도 중요하지만 결국 자신이 배우고 익힌 내용에 따라 직접 실천해야만 한다. 그렇지 않으면 변하는 건 아무것도 없다.

시간을 투자해 뒤에 나올 워크시트까지 완성한다면 준비과정을 단축시키는 데 도움이 될 것이다. 워크시트를 통해 기업 운영으로 자신이 성취하고 싶은 게 무엇인지 발견할 수 있고, 목표를 달성하는 데 필요한 추진력을 얻을 수 있다.

내게 가장 중요한 것은 무엇일까

이상적인 100만 달러의 1인 기업은 매출과 수익, 그리고 삶에서 가장 중요한 목표를 성취하게 해준다. 아래의 질문을 해보며 생각할 시간을 가져라. 질문의 답을 쓰다 보면 창업에 있어 가장 중요한 게 무엇인지 분명하게 알 수 있을 것이다.

- 현재의 수입원과 경제적 상황에서 좋은 점은 무엇인가?

- 이 장점들을 뒤로하고 비즈니스를 시작할 용의가 있는가?

- 현재의 수입원과 경제적 상황은 3년에서 5년 이후에도 되찾을 수 있는 것인가? 10년 후에는 어떤가?

- 현재의 수입원과 경제적 상황에서 바꾸고 싶은 건 무엇인가?

- 현재의 수입원과 경제적 상황에서 내가 찾은 단점들이 사업을 경영하는 것으로 개선될 여지가 있는가?

- 시작하려는 사업이 내가 좋아하는 일에 시간을 많이 쓸 수 있도록 해주는가?

- 시작하려는 사업으로 인해 내가 원치 않은 일에 더욱 시간을 할애해야 하는가?

- 시작하려는 사업으로 인해 마음에도 없는 일, 잘 못하는 일, 무언가를 배울 수도 없는 일을 해야 하는가? 만약 그렇다면 이를 피할 방법은 없는가?

- 현재 하는 일에서 내가 원하는 직업적 보상을 받을 수 있는가?

- 현재 하는 일에서 달성하기 어려운 직업적 목표가 사업을 운영할 경우에는 가능해지는가?

- 현재 하는 일에서 유쾌한 사람들과의 유대관계와 같은 개인적 보상을 얻을 수 있는가?

- 사업을 운영하며 내 삶의 질이 향상될 수 있는가?

- 현재 내가 원하는 대로 내 시간을 활용할 수 있는가?

- 현재 내 삶에서 중요한 것에 충분한 시간을 쏟고 있는가?

- 그렇지 않다면 불균형한 시간 분배로 절망감을 느끼는가?

- 내가 원하는 사업을 운영하면 이 불균형에서 벗어날 수 있는가?

- 시작하려는 사업 때문에 친구 혹은 아이들과의 시간을 보내는 등 인생에서 중요한 것들을 희생해야 하는가?

- 그렇다면 해결 방법이 있는가? 내게 소중한 것들을 지키며 사업을 운영할 대안이 있는가?

- 반드시 한두 가지만 선택해야 한다면 사업을 경영하며 가장 얻고 싶은 것은 무엇인가?

- 구상 중인 사업을 시작한 후 위에서 언급한 한두 가지를 성취하기까지 걸리는 시간이 합당하다고 여겨지는가?

- 만약 내가 원하는 걸 얻기까지 오래 걸린다면, 그 과정을 견뎌낼 인내심과 충분한 자원이 있는가?

나만의 전문 분야를 찾아라

이제 막 시작하는 기업인들은 자신이 학교에서 배운 것과 유사하다는 이유로 혹은 전직과 가깝다는 이유로 마케팅 전문가로 성공할 생각만 한다. 물론 마케팅은 대단한 기회가 숨어 있는 분야이긴 하나 우리에게 열려 있는 가능성은 이보다 다양하다.

비즈니스 아이디어가 떠올랐다면 정말 할 수 있는 일인지, 기꺼이 하고 싶은 일인지 진지하게 생각해봐야 한다. "이런 생각이 들 순 있죠. '글루텐 프리 음식을 만들고 싶어' 하지만 신념도 없이, 하다못해 요리조차 잘 못 한다면 자신에게 어울리는 사업이 아닙니다." 100만 달러 매출의 주택 개조 사업을 운영하는 기업인 데브라 코헨의 말이다. "많은 사람들이 제게 연락해서 이렇게 말해요. '당신의 비즈니스 아이디어가 정말 마음에 들어요. 집에서 일하잖아요. 저도 하고 싶어

요’ 하지만 사람을 상대하는 데 소질이 없거나 창의적으로 사고하는
사람이 아니라면 제 사업은 그들에게 어울리지 않을 거예요. 본인의
성격과 능력에 어울리는 것을 찾아야 해요. 개인적으로는 물론 전문
적으로도 투자할 준비가 되어 있는지 살펴야 해요. 쉽지 않은 과정이
죠. 기업을 운영하며 헌신하고 희생할 준비가 되어 있어야 해요.”

아래의 질문에 답하다 보면 자신만의 독창적이고도 시장성 있는
전문 분야가 무엇인지 실마리를 얻을 수 있을 것이다.

- 현재 하는 일과 관련하여 특별한 열정을 지녔거나 남들보다 많은
  지식을 가진 분야가 무엇인가?

- 내가 좋아해서 항상 책을 읽고 배우는 취미나 관심은 무엇인가?

- 내가 하는 일 가운데 사람들이 흥미를 보이는 것은 무엇인가? 홈스
  쿨링, 도시 농장 가꾸기, 타국에서의 강의 활동 등 많은 사람들이 해
  보지 못한 일일 수도 있다.

- 리서치를 해가며 자신만의 방법으로 문제를 깔끔하게 해결한 적이
  있는가? 이것은 주어진 예산에 맞춰 작은 집을 꾸미는 등의 ‘즐거
  운’ 문제일 수도 있고, 대체의학으로 아이의 병을 치료하는 것처럼
  심각한 문제일 수도 있다.

- 부모, 아이 돌보미, 코치, 멘토, 자원봉사자 등 나의 역할 속에서 타

인에게 도움이 될 전문 지식이 있는가?

- 사람들이 관심 갖는 주제를 새로운 관점에서 바라볼 기회가 있었
  는가?

- 다른 사람들은 모르지만 나만 알고 있는 트렌드가 있는가?

사업 아이디어를 발견하라

수십 개의 비즈니스 아이디어를 가진 사람도 있다. 아이디어가 하나도 없다고 이야기하는 사람도 있을 것이다. 100만 달러 1인 기업의 비결은 자신이 하고 싶은 사업 아이템 가운데 첫 단추를 끼울 때부터 고매출 고수익 가능성을 보이는 것이 무엇인지 찾은 것에 있다. 단순히 지금 다니는 직장을 대체할 비즈니스 아이디어를 찾는 것과는 다르다. 물론 자신의 역량을 증폭시키고 높은 매출을 올리는 기업을 세운 후에는 직장인의 삶을 대체하고도 넘치는 삶을 누리게 되겠지만 말이다.

자신만의 100만 달러 1인 기업 아이디어를 찾는 데 유용한 질문을 아래 소개하고자 한다. 아이디어를 찾은 후에는 소규모의 테스트를 실행해 고객이 돈을 내고 구매할 가치가 있는 상품인지 확인해야 한다.

- 나는 무엇에 가장 의욕을 보이는가? 마니아층의 지지를 이끌어낼 수 있을 정도로 내가 집요하게 파고들거나 남들은 잘 모르는 특별한 전문 지식을 갖추고 있는 관심사가 있는가?

- 내 열정과 상관없이 매일 떠올리는 관심사가 있는가?

- 집안일이나 직업, 자원봉사, 여가 및 오락 활동 그 무엇이든 내가 일상생활에서 즐겁게 수행하는 일은 무엇인가?

- 가족이나 친한 지인을 제외하고 나를 객관적으로 판단하는 사람들이 내게 특별한 능력이나 경험, 소질이 있다고 말하는 분야가 있는가?

- 내 관심사 가운데 기술이나 경험, 소질은 부족하지만 노력할 의지가 있거나 단기간 필요한 교육을 받을 수 있는 여건이 되는 건 무엇인가?

- 관심사 가운데 비즈니스로 전환시켜 생각했을 때 흥미롭게 다가오는 일이 있는가?

- 관심사 가운데 비즈니스로 바라봤을 때 흥미가 떨어지는 일이 있는가?

- 좋아하는 일 가운데 수익으로 이어지는 상품 혹은 서비스를 창출할 기술이나 경험, 자질, 능력을 가진 것은 무엇인가?

- 위에서 나온 질문에 전부 답한 후 1인 기업의 비즈니스 아이디어로 가장 흥미롭거나 현실적으로 사업을 시작할 수 있는 아이템 세 가지는 무엇인가?

- 이 세 가지 아이템 가운데 직원이 없는 1인 체제로 시작했을 때 내 노력을 발현시킬 가능성이 있는 것은 무엇인가? 이 세 가지 아이템 가운데 독립계약자, 외주업체, 자동화 등 외부자원을 적극 활용해 나의 업무 시간과 비례하지 않고 성장할 가능성이 있는 것은 무엇인가?

시장조사 단기 특강

자신이 몸담고 있는 업계에서 사업을 시작한다면 시장조사는 누구보다 한발 앞서는 셈이다. 현재 업계의 상황과 시장 내 존재하는 공백이 무엇인지 아는 사람이 시장에서 우위를 점하게 된다.

　마찬가지로 자신이 구상 중인 상품을 현재 소비하고 있다면 유리하다. 가령 자녀를 키우고 있어 필요한 육아용품을 인터넷에서 뒤졌지만 어디에서도 찾을 수 없다면 검색에 들인 시간과 자료가 모두 시장조사가 되는 것이다. 그러나 단순히 자신이 아는 것을 넘어서 더욱 깊이 조사할 필요가 있다. 항상 우리가 아는 것보다 더 많은 일이 시장에서 벌어지기 때문이다. 지금처럼 하나로 연결된 세상에서 철저히 준비하지 않는다면 대륙 너머에서 벌어지는 변화로 인해 지금껏 세운 계획을 바꿔야 할 수도 있다. 아래 소개된 방법을 활용한다면 내가 구상 중인 상품이 시장에 존재할지, 그렇다면 얼마나 큰 시장이고 지속성이 있는지 알아보는 데 도움이 된다.

거대 전자상거래 사이트

자신이 판매하고자 하는 상품 카테고리에서 베스트셀러를 검색해 어떤 상품이 인기가 있는지 살펴봐야 한다. 유명 제품들을 관통하는 공통점이 무엇인지 조사하고, 더욱 중요한 것은 아직도 소비자의 욕구가 채워지지 않은 부분이 무엇인지 연구해야 한다.

업계 관련 신문과 잡지

특정 업계에 대해 밀도 있게 다루는 업계 신문이나 잡지를 통해 현재 그 안에서 활동하는 사람들이 겪는 어려움은 물론 자신의 비전을 실현하는 데 필요한 정보와 서비스, 공급자도 파악할 수 있다. 해당 분야에서 발행하는 잡지를 정기적으로 다양하게 접하면 주도적으로 상황을 이끌어나갈 수 있다.

협회

자신이 몸담으려는 분야의 단체에 가입하고 모임에 참석하는 자리는 살아 있는 정보를 얻는 귀중한 기회이다. 얼마나 많은 협회와 단체가 있는지 알면 놀랄 것이다. 때문에 주변 관계자들에게 유익한 단체가 무엇인지 조언을 구해야 한다.

더 특화된 사업군의 경우 회원제로 운영되는 전용 커뮤니티도 있으니 놓치지 않아야 한다. 몇몇 커뮤니티에서는 특정 집단이 모여 현실적인 조언을 주고받는다. 전자상거래 사업자 단체인 이커머스퓨얼은 매출 25만 달러 이상의 온라인 상점 오너들만 가입할 수 있다. 이런 모임에 가입하려면 일반적으로 비용이 들고 단체에 따라 상당한 금액을 투자해야 할 수도 있지만, 매출과 수익 증대로 직결되는 실제적 조언들을 얻을 수 있기 때문에 투자비용이 전혀 아깝지 않다.

시장조사 보고서

업계를 연구하는 분석가들이 작성하는 보고서는 일반적으로 가격이 높다. 그러나 진지하게 사업을 고민한다면 시장 요인과 장기적 통찰력을 얻기 위해 기사 몇 편을 읽는 것보다 훨씬 유용한 자료가 될 것이다. 다양한 산업분야를 아우르는 이비스월드IBISWorld와 유로모니터Euromonitor 기관에서 발표하는 보고서가 개인적인 생각으로는 무척 훌륭하다고 생각한다. 이외에도 각 사업 분야에서 활동하는 여러 분석 전문 기업도 보고서를 발표하고 있다. 업계지에서 자주 인용되는 조사 기관을 눈여겨보면 공신력이 높은 곳이 어딘지 알 수 있다.

현장조사

세상에 소개되지 않은 서비스나 상품을 판매할 예정이라면 참고할 자료를 찾기 쉽지 않을 것이다. 이 경우 발로 뛰는 수밖에 없다. 콘텐츠에 기반한 비즈니스라면 이 과정이 상대적으로 쉽다. 판매하려는 지식 상품과 관련된 내용을 공개하고 소비자의 반응을 살펴보기만 하면 된다. 그러나 제품 중심 비즈니스라면 소셜 미디어나 상점 등 잠재 고객이 있는 곳에서 직접 조사를 진행해야 한다. 시간과 수고가 필요하지만 이런 과정을 거쳐야 한다는 것 자체가 독창적이고 새로운 비즈니스 아이디어를 갖고 있다는 방증이기도 하다.

번아웃에서 벗어나려면

자신만의 사업을 시작하는 것은 분명 가슴 뛰는 일이지만 굉장한 에너지가 필요하다. 책에 소개된 여러 방법을 활용해 번아웃 증상을 해소하고 영감을 재충전한다면 내면의 에너지를 채우는 데 도움이 된다. 그러나 때로는 잠시 물러나 내 비전과 목표, 내가 진정으로 원하는 것이 무엇인지 생각하는 시간이 필요하다. 아래의 질문에 답을 적는 시간을 통해 잠시 멈춰 사색하는 여유를 갖길 바란다.

- 이 사업으로 내가 정말 얻고자 하는 것은 무엇인가?

- 사업을 경영하며 매일 반복되는 업무에 어떤 생각이 드는가?

- 사업을 키우고 싶은가, 현재 규모를 유지하고 싶은가?

- 사업을 운영하며 주어지는 사생활 및 여가 시간이 충분하다고 느끼는가?

- 내 라이프 스타일을 유지하면서도 사업을 확장시키는 것이 가능한가? 사업의 규모를 키우는 동안만이라도 내 삶을 희생할 준비가 되어 있는가?

- 사업이 커진 후에도 잡음이 없으려면 현재의 경영방식을 바꿔야 하는가?

- 추후 사업체를 매각할 생각이 있는가? 미래에도 계속 운영할 예정인가?

- 사업으로 성취하고자 하는 최종 목표를 되새기며 일하고 있는가?

위의 질문을 현재의 상황을 되돌아보는 계기로 삼아 앞으로 자신의 비전과 목표에 충실한 의사결정을 하길 바란다. 답변을 모두 마쳤다면 올해의 비전과 가장 중요한 목표에 대해 짧은 글을 써보는 것을 제안한다. 자신이 원하는 것을 명확하게 알고 있을 때 행복하고 만족스러운 방식으로 당신의 사업을 성장시킬 수 있다.

기업 매각을 고려하고 있다면

100만 달러의 1인 기업을 세우는 데 성공했지만 평생 기업을 운영하고 싶은 생각은 없을지도 모른다. 그렇다면 사업을 그만두고 다음 단계로 가야 할 때를 어떻게 가늠할 수 있을까? 온라인 비즈니스 브로커인 데이비드 펠리에게 물었다.

Q. 사업 매각의 필요성과 시점을 어떻게 알 수 있나요?

펠리: 오너의 개인적인 사정이 될 수도 있고, 더 현실적인 이유도 있을 수 있겠죠. 현실적인 이유를 설명하려면 기업을 운영한 지 적어도 몇 년은 되는 시점이 될 겁니다. 정체기가 와서 성장 속도가 둔화된 상황을 맞이한 시기입니다. 오너가 현재 사업에 열의가 조금씩 사라지고 다른 분야로 눈을 돌리게 되는 거죠. 열정을 잃어가며 사업 경영에

더 이상 시간과 에너지를 쏟지 않습니다. 종형곡선상 정점을 맞이한 후 내리막길을 걷는 시점에 사업체를 매각하는 겁니다. 그러나 매출과 수익이 저하될 때는 매각에 좋은 타이밍이 아닙니다. 우선 오너가 사업에 대한 열정과 흥미를 잃었는지 깊이 생각해본 후 사업체 처분을 고민하는 것이 맞습니다.

사업체가 성장하면 직원을 늘리거나 오너를 대신해 일정 부분 리더십을 발휘해줄 베테랑이 필요하게 되는 시기를 맞이합니다. 그러나 이 두 가지 옵션 모두를 원치 않을 수도 있습니다. 이 단계까지 기업을 이끌고 갈만큼 능력과 에너지가 없음을 인정하는 거죠.

Q. 사업체 매각을 생각하고 있다면 어떤 준비가 필요한가요?

펠리: 가장 기본적인 것은 입증 가능한 객관적 자료들을 준비해둬야 합니다. 회계사가 정리해준다면 좋습니다. 매각을 준비하는 대다수의 오너는 퀵북 프로그램을 운영하고 있었습니다. 이 프로그램은 바이어에게 투명성과 신뢰를 주거든요. 트래픽 통계 자료나 고객 데이터 같은 자료를 정리해두는 것도 도움이 됩니다. 집에 페인트를 칠하는 것과 비슷하다고 이해하시면 될 것 같습니다. 웹사이트의 외관도 업데이트하는 거죠. 요즘은 새로운 그래픽을 입히고 템플릿을 만드는 기술자를 찾는 게 쉬워졌어요.

사업체는 평소처럼 운영해야 합니다. "고객 충성도와 재방문율을 늘릴 방법이 무엇인가? 판매량을 증대시킬 방법은 무엇인가?" 계속 고민해야 합니다. 그렇게 해야 바이어에게 매력적인 사업체로 다가갈 수 있고, 매출도 안정적이고 성장하고 있음을 보여줄 수 있거든요. 오너에게는 선택권이 많아지게 되죠.

Q. 매각에 가장 좋은 방법은 무엇인가요?

펠리: 혼자서도 사업체 매도 과정을 준비할 수 있습니다. 하지만 소중하게 일궈온 기업인만큼 정말 경험이 많은 전문가가 아닌 이상 오너가 직접 나서는 건 좋은 생각이 아니라고 봅니다. 객관적으로 판단하기가 어렵거든요. 오랜 시간 통용된 절차에 익숙하고 전문적 식견을 지닌 브로커에게 맡기면 바이어는 물론 셀러도 안심하고 거래할 수 있습니다. 50만 달러에서 500만 달러의 가치에 해당하는 기업은 전문가를 고용해 사업설명서와 여타 필요한 서류를 준비하는 편이 낫습니다. 또한 브로커는 10~15페이지에 이르는 매각 제안서 작성에도 전문성을 가지고 있죠. 매각 제안서는 혼자 처리하기엔 부담스러운 일일 뿐 아니라, 실제로 좋은 오퍼를 받기 위해서 어떤 자료를 어떻게 담아야 할지 정확히 알아야 하거든요.

Q. 브로커에게 지불하는 비용은 어느 정도인가요?

펠리: 거래 규모에 따라 다릅니다. 10만 달러 이상 가치의 사업체라면 (실 거래가의) 10퍼센트, 100만 달러 이상 가치의 사업체라면 8퍼센트 정도 될 것 같아요. 브로커에 따라 8~12퍼센트 정도 입니다.

한눈에 보는 비즈니스 로드맵

비즈니스 자금을 마련하는 법

제2의 수입원을 확보하라.
직업을 유지하고, 아껴 쓰고, 저축하라
투자자를 찾아라.

↓

실험하고 수정하라

타깃 고객층의 목소리에 귀를 기울여라.
상품 포장은 진화해야 한다.
상품에 대한 인지가치에 따라 적정한 가격을 선정하라.
제작, 주문, 배송 처리 과정을 외부에 맡겨라.

↓

효과가 있는 채널에 집중하라

소셜 광고를 활용하라.
거대 온라인 소매점을 활용하라.
상품에 알맞은 플랫폼을 선정하라.
소셜 미디어 인플루언서와 관계를 형성하라.
소셜 미디어의 비주얼 콘텐츠를 활용하라.

안정적인 수입원을 만들어라

회계사를 찾아가라.
현금 흐름의 중요성을 인식하라.
디지털 마케팅으로 매출을 높여라.
많이 팔 것인가, 비싸게 팔 것인가.

제대로 된 시스템을 구축해야 성장할 수 있다

소비자 리뷰를 쌓아라.
구매 행동을 방해하는 요인을 제거하라
고객 서비스를 게을리하지 마라.
PR과 디지털 마케팅에 투자하라.

검토와 개편

사업에 유용한 도구들

업무 효율이 아무리 뛰어나도 혼자서 모든 걸 해낼 순 없다. 이 책에 소개된 100만 달러 기업인들이 어떤 도구를 활용해 업무를 자동화시키고 개인의 역량을 확장시켰는지 참고한다면 생산성을 향상시키는 데 큰 도움이 될 것이다. 내가 개인적으로 유용하다고 생각하는 자료도 여기에 함께 포함시켰다. (국내 활용 가능한 도구와 리소스는 ▶ 표시를 했다.)

회계업무와 급여 관리

프레시북(freshbooks.com): 재무관리에 익숙하지 않지만 자료 관리를 철저히 하고 싶은 입문자들에게 맞는 회계 프로그램이다. 인보이스 상에서 체크하면 ACH와 신용카드 결제를 허용할 수 있다.

구스토(gusto.com): 젠 페이롤~Zen Payroll~에서 이름을 바꾼 이 사이트는 독립계약자의 급여 지급, 산재보험과 의료보험 비용 관리 등 소규모 사업장의 급여 관리를 쉽게 해준다.

퀵북(quickbooks.com): 회계사들이 추천하는 소프트웨어로 단순한 프로그램에는 없는 부가 기능을 다양하게 갖추고 있다. 만약 사업체의 규모를 키워 급여대상자를 지속적으로 추가할 계획이라면 적합한 소프트웨어이다.

▶ 자비스(jobis.co), 이카운트(www.ecount.co.kr) 등을 활용할 수 있다

커뮤니케이션

글로바파이(globafy.com): 세계 각국의 참석자와 무료로 콘퍼런스를 진행할 수 있는 도구로, 참석자들은 자신이 거주하는 나라에서 전화를 걸어 콘퍼런스 방에 입장할 수 있다.

고투미팅(gotomeeting.com): 고화질의 비디오 콘퍼런스 진행은 물론 고품질 녹화 기능까지 필요하다면 이 유료 서비스가 적합하다.

99디자인(99designs.com): 로고, 웹페이지, 포장 디자인 등의 디자이너를 찾을 때 유용한 사이트이다. 소속 디자이너를 대상으로 콘테스트를 개최해 고객에게 가장 만족스러운 디자인을 제공한다.

스카이프(skype.com): 전 세계 어느 곳에서나 무료 통화를 할 수 있는 애플리케이션이다.

왓츠앱(whatsapp.com): 무료로 메시지를 보낼 수 있는 모바일 메신저 플랫폼이다.

커뮤니티

브라더후드(brotherhood.net): 온라인에서 신청자에 한해 선별적으로 운영되는 기업인 네트워크이다.

이커머스퓨얼(ecommercefuel.com): 고매출 전자상거래 상점을 운영하는 오너와 매니저만 가입할 수 있는 커뮤니티로, 포럼을 개최해 온라인 기업인들끼리 다양한 의견을 교환하는 자리를 마련한다. 매출과 수익 증대로 직결되는 실제적인 조언을 들을 수 있다.

마스터마인드톡스(mastermindtalks.com): 신청자들만 참여할 수 있는 이 행사는 고매출 기업인들 사이에서 반응이 좋다.

스타트업 위캔드(startupweekend.com): 홀로 사업 시작의 첫 걸음을 뗄 동기가 부족하다면 가까운 지역에서 열리는 스타트업 위캔드 행사에 참여해보자.

텐 투 밀리언(tentomillion.com): 부동산을 운용하는 코리 빈스필드가 부동산 투자에 대한 지식과 조언을 제공한다.

투12(two12.io): 65명의 신청 인원으로 운영되는 이 행사는 멘토링 및 다양한 프로그램을 제공해 성공적인 기업인들이 친밀한 분위기 속에서 서로 의견을 교환하는 자리를 마련한다.

▶ 데모데이(www.demoday.co.kr), 아웃스탠딩(outstanding.kr), 고

파운더(www.gofounder.net)를 비롯해 각종 포털 사이트의 커뮤니티를 이용할 수 있다.

공유 오피스

위워크(wework.com): 주요 도시에서는 코워킹 스페이스 제공 업체를 많이 찾아볼 수 있다. 벤처 자금으로 운영되는 위워크는 최대 공유 오피스 업체 중 하나로 전 세계 대도시에서 코워킹 스페이스를 제공하고 있다. 이외에도 코워커(cowrker.com), 글로벌 워크스페이스 협회 Global Workspace Association(globalworkspace.com), 데스크맥(deskmag.com)에서 공유 오피스를 검색할 수 있다.

▶ 비즈온(www.thebizon.co.kr), 리저스(www.regus.co.kr) 등에서 공유 오피스를 찾을 수 있다.

고객관리 소프트웨어

인퓨전소프트(infusionsoft.com): 세일즈 마케팅 업무의 자동화 기능을 갖춘 고객관리CRM 프로그램 가운데 하나이다. CRM 소프트웨어 시장에는 고유한 경쟁력을 갖춘 제품들이 상당히 많다. 자신에게 적합한 프로그램을 찾고 싶다면 비슷한 사업을 운영하는 사람들에게 묻는 것이 효과적이다.

지메일 스트리크(streak.com): 구글 크롬의 무료 확장프로그램인 스트리크는 지메일 내에서 세일즈 및 고객 관리를 쉽게 해주는 기능을 갖추고 있다.

▶ 위워크와 네모(www.nemoapp.kr) 등을 활용해 찾을 수 있다.

고객주문 처리

아이프로모트유(ipromoteu.com): 주문 처리 및 대행 서비스를 제공한다.

▶ 아임포트(www.iamport.kr)와 마이창고(mychango.com)에서 해당 서비스를 제공받을 수 있다.

시장조사

클릭뱅크(clickbank.com): 정보기반 상품 판매를 위한 아이디어를 얻기에는 이 거대 콘텐츠 시장이 가장 적합하다.

페이스북 오디언스 인사이트(facebook.com/business/news/audience-insights): 상품 관련 키워드를 통해 예상 고객층의 인구학적 통계 자료를 제공한다. 페이스북에서 무료로 비즈니스 계정을 개설하기만 하면 활용할 수 있다.

구글서베이(support.google.com/docs/answer/87809?hl=en): 고객의 피드백을 확인할 수 있는 애플리케이션이다. 어떤 상품을 원하는지 설문조사를 진행할 수도 있다. 이와 비슷한 도구로 서베이몽키(survey monkey.com)가 있다.

▶ 구글이 제공하는 무료 온라인 통계 사이트(www.consumerbaro

meter.com)나 구글 트렌드(trends.google.com/trends/), 네이버 트렌드(http://trend.naver.com)에서 도움을 받을 수 있다. 스타트업 관련 최신 소식은 국내에서는 벤처스퀘어venturesquare, 비석세스beSUCCESS, 플래텀platum, 데모데이demaday, 아웃스탠딩outstanding, 모비데이즈mobidays 등에서 스타트업 및 창업 관련 정보를 얻을 수 있다. 또는 삼성경제연구소, LG경제연구원, 한국개발연구원, 국가통계포털KOSIS 등에서 다양한 정보를 참고하면 좋다.

자금 조달

비즈플랜콤피티션(bizplancompetitions.com): 전 세계적으로 운영되는 사이트로 기업가 정신 콘테스트, 엘리베이터 피치elevator-pitch(엘리베이터 안에서 투자자를 매혹하는 스피치에서 유래한 용어로 투자자에게 짧은 시간 안에 제품이나 아이디어에 대해 소개하는 연설―옮긴이) 이벤트, 비즈니스 플랜 경연을 찾아볼 수 있다.

인디고고(Indiegogo.com): 가장 활발한 기부형 크라우드펀딩 사이트 가운데 하나로 스타트업을 준비하는 사람들이 많이 참여한다.

킥스타터(kickstarter.com): 2009년에 설립된 기부형 크라우드펀딩 사이트로 다수의 창의적 프로젝트는 물론 수많은 스타트업의 출발점을 해왔다.

테크스타(techstars.com): 예비 기업인들이 주말 동안 창업을 경험해볼 수 있는 인텐시브 프로그램을 제공하는 기관이다.

▶ 크라우드펀딩 사이트로는 크라우디(www.ycrowdy.com), 와디즈 (www.wadiz.kr), 텀블벅(tumblbug.com), 유캔스타트(www.ucan start.com), 오픈트레이드(otrade.co), 아띠펀딩(www.attyfunding. co.kr), 팝펀딩(www.popfunding.com) 등이 있다.

법률 자문

비즈필링(bizfilnings.com): 기업을 설립하고 합법적으로 운영하는 데 필요한 도움을 받을 수 있다.

리갈줌(legalzoom.com): 기업의 설립, 중요 서류 작업, 지적 재산권 보호, 부동산 관리 등 다양한 서비스를 제공한다.

▶ 로톡(www.lawtalk.co.kr)에서 도움을 받을 수 있다.

결제

애플페이(apple.com/apple-pay): 고객에게 모바일에서 안전한 결제 서비스를 제공한다.

스퀘어(square.com): 스마트폰이나 태블릿에서 신용카드 결제를 진행하게 해주는 프로그램이다. 여타 기업고객을 대상으로 하는 서비스 제공업체와 달리 월 사용료를 청구하지 않는다.

윌리엄스&해릭스(and.co/williams-harricks): 여러 차례 요청에도 결제를 미루는 고객에게 지급 요청서를 대신 발송해주는 서비스를 제공하는 애플리케이션이다.

▶ 아임포트(www.iamport.kr)와 KG이니시스(www.inicis.com), LG U+ 전자결제서비스(ecredit.uplus.co.kr), 키움페이(www.kiwoompay.co.kr) 등을 이용할 수 있다.

인력 채용

프리랜서(freelancer.com): 전 세계적으로 제조업, 상품 디자인, 웹 디자인 등 다양한 분야의 전문가가 소속된 사이트이다.

칼로(Kalohq.com): 이전에는 리스터블Lystable이란 이름으로 알려졌던 이 플랫폼을 통해 세계 각국에서 활동하는 프리랜서를 채용하고, 업무를 안배하고, 비용을 지불하는 등을 손쉽게 처리할 수 있다.

메이커스 로(makersrow.com): 빠르게 성장하는 사이트로 공장의 상세한 정보까지 제공해 상품 제조업체를 찾을 때 유용하다.

피플퍼아워(peopleperhour.com): 단독 프로젝트를 진행할 때 인력이 필요하거나 프리랜서가 필요할 때 유용한 사이트이다. 등록된 프리랜서 대부분이 '시간제' 근무가 가능하고, 당장 착수할 수 있는 업무는 프리랜서가 책정한 비용에 따라 진행한다.

태스크래빗(taskrabbit.com): 배달 및 개인 비서 업무를 대행할 사람을 찾을 때 유용한 사이트이다.

업워크(upwork.com): 거대 프리랜서 플랫폼으로 회계부터 글쓰기까지 전문 인력을 다수 보유하고 있다.

▶ 잡코리아(www.jobkorea.co.kr), 인크루트(www.incruit.com), 사람

인(www.saramin.co.kr), 워크넷(work.go.kr), 알바몬(www.albamon.com), 로켓펀치(www.rocketpunch.com), 원티드(www.wanted.co.kr), 더팀스(www.theteams.kr), 온코더(www.oncoder.com) 등이 있다. 프리랜서를 고용하고 싶다면 이랜서(www.elan cer.co.kr), 위시켓(www.wishket.com), 크몽(www.kmong.com) 등을 이용하면 된다.

운송과 배달

시핑이지(shippingeasy.com): 운송과 주문 처리 과정을 자동화하고 싶은 사람에게 훌륭한 사이트이다.

우버러시(rush.uber.com): 승차공유 기업인 우버에서 운영하는 고객 맞춤형 배송업체로 시카고, 뉴욕, 샌프란시스코 베이 에어리어 지역에서 신속한 서비스를 제공한다.

집카(zipcar.com): 차가 없다면? 여러 도시에서 카쉐어링 서비스를 제공하는 이 업체를 통해 자동차 소유로 인한 번거로움 없이 필요할 때마다 공유 차량을 직접 운전할 수 있다.

▶ 주문과 물류대행 서비스는 마이창고(mychango.com)에서 제공받을 수 있다. 각종 택배사를 이용하는 것도 좋은 방법이다.

생산성 툴

대시레인(dashlane.com): 온라인 비밀번호를 관리해주는 사이트 중 하나이다. 모바일이나 컴퓨터에 다운받아 사용하는 애플리케이션은 사파리, 크롬, 파이어폭스를 지원하는 브라우저 확장 프로그램이다. 아이디와 비밀번호 외에도 신용카드 번호 등 안전하게 관리하고 싶은 정보가 있다면 프로그램 내에 저장할 수 있다.

에버노트(evernote.com): 메모 작성 기능은 물론 온라인에서 찾은 글을 저장하고 프레젠테이션을 만드는 과정을 간편하게 해준다. 이지 런치박스의 창립자 켈리 레스터는 "이 사이트 없인 하루도 살 수 없다!"고 말했다.

피그마(figma.com): 독립 디자이너들이 활동하는 디자인 플랫폼으로 서로의 작품을 공유하고 실시간으로 피드백을 주고받으며 공동작업도 진행한다.

조인.미(join.me): 장거리 여행을 하지 않고도 거래처와 신속하게 프레젠테이션을 진행할 수 있는 화면 공유 사이트이다.

스케줄원스(scheduleonce.com): 개인적으로 가장 좋아하는 도구로, 미팅이나 약속을 잡을 때 내 업무 일정을 상대방에게 공유해 서로 편한 시간을 예약할 수 있게 해준다. 고객과 미팅 약속을 잡느라 몇 번이나 메일이 오가는 상황을 피할 수 있어 나 역시 자주 사용하고 있는 소프트웨어이다.

▶ 웹을 기반으로 프로젝트를 관리하는 소프트웨어 트렐로trello와 팀워크Teamwork 등을 활용하면 좋다. 대용량 파일 공유는 드롭박스(www.dropbox.com) 등이 유용하다.

웹사이트 제작

쇼피파이(shopify.com): 내가 만났던 100만 달러 기업인들 다수가 쇼피파이에서 전자상거래 사업을 시작했다고 언급했다. 개발자들도 친숙한 사이트이니 문제가 생겼을 때 해결책을 찾는 것도 어렵지 않다.

스퀘어스페이스(squarespace.com): 깔끔한 템플릿 디자인에 페이지 운영이 쉬운 플랫폼이 필요하다면 이곳에서 빠르고 편리하게 개설할 수 있다.

수모(sumo.com): 웹사이트 트래픽을 높이는 데 활용할 수 있는 툴이 무료로 제공될 뿐 아니라 유용한 정보 외의 뉴스레터도 받아볼 수 있다.

위블리(weebly.com): 컴퓨터에 익숙하지 않은 입문자들도 하루 만에 사이트를 쉽게 개설할 수 있다.

워드프레스(wordpress.com): 무료 오픈소스 플랫폼으로 웹 개발에 직접 참여하고 싶은 사람들이 선호하는 프로그램이다. 공개된 코드를 활용해 사이트에 있는 테마를 자신이 운영하는 전자상거래 사이트에도 적용할 수 있다.

▶ 윅스(ko.wix.com), 식스숍(www.sixshop.com), 웨블러(webbler.kr), 스퀘어스페이스(squarespace.com), 페이지브릭(www.pagebrick.com) 등을 이용할 수 있다.

266

추천 도서

100만 달러의 1인 기업을 시작하는 사람이라면 책을 읽을 시간이 부족할 것이다. 때문에 예비 기업인에게 활력을 더해주고 기업 성장을 위한 실질적 조언이 있는 도서를 몇 권 소개하고자 한다.

《과감한 선택》Choose Yourself, 제임스 알투처James Altucher지음, 이동은 옮김, 세그루출판사
헤지펀드 매니저였던 제임스 알투처는 대기업이 안전망을 제공하는 세상에, 이제는 그마저도 무너지는 경제에 환멸을 느끼는 수많은 사람들의 공감을 이끌어냈다. 기업가정신을 좇든, 새로운 커리어 쌓든 그 선택이 무엇이든 간에, 다른 사람이 아닌 스스로 인생을 결정하고 삶을 이끌어 부와 행복, 건강까지 거머쥐는 방법을 이 책에서 알려준다.

《직업 없이도 생계를 유지한다》Making a Living without a Job, (개정판), 바바라 윈터Barbara Winter 지음

일찍부터 자영업 비즈니스의 구루로 활동했던 윈터는 사업은 규모가 작을수록 좋다는 신념을 전한다. 직장생활의 가치가 무너지는 와중에 개인이 자신을 표출하고 즐거움을 찾는 과정에서 사업의 큰 기회를 찾을 수 있다고 말한다.

《똑바로 일하라》Rework, 제이슨 프라이드Jason Fried, 데이비드 하이네마이어David Heinemeier 공저, 정성묵 옮김, 21세기북스

소프트웨어 기업(375시그널375Signals로 알려진)을 의도적으로 작게 운영해온 두 저자는 베이스캠프Basecamp(현재 기업의 이름이다) 등 유명 제품을 다수 선보이며 커다란 성공을 이끌었다.

오랜 시간 일하며 많은 업무를 소화해야 한다거나 철수 작전을 세운 뒤 비즈니스를 런칭해야 한다는 등 일반적인 비즈니스 신념이 모두 틀렸음을 증명한다.

《직업의 종말》The end of Jobs, 테일러 피어슨Taylor Pearson 지음, 방영호 옮김, 부키

직업을 갖는다는 것이 무의미해진 시대에서 피어슨은 새로운 직업 경로로 기업가정신을 꼽는다.

《나는 4시간만 일한다》The 4-hour Workweek, 팀 페리스Tim Ferriss 지음, 최원형·윤동준 옮김, 다른상상

수입의 자동화, 인터넷 플랫폼을 활용한 아웃소싱, 불필요한 업무 제거 전략을 통해 모험을 즐기며 자유로운 삶을 사는 방법을 알려준다. 내가 《나는 직원 없이도 10억 번다》을 위해 인터뷰했던 기업인 다수가 자신의 인생을 바꾼 도서로 이 책을 꼽았다.

《100달러로 세상에 뛰어들어라》The $100 Startup, 크리스 길아보Chris Guillebeau 지음, 강혜구·김희정 옮김, 더퀘스트

저자는 직장에 다니지 않고 돈을 벌며 전 세계를 여행하는 디지털 노마드이다. 책 속에 등장한 1,500여 명의 마이크로 비즈니스 기업인의 사례를 들어 100달러의 투자금으로 5만 달러 이상의 수익을 거두는 아이디어를 소개한다.

《단순한 삶》The Simple Living Guide, 재닛 러스Janet Luhrs 지음

충분히 사고하고 의식하는 삶을 살며 자신에게 중요한 것을 놓치지 않아야 한다는 가르침을 전하는 책 가운데 내가 처음으로 읽은 책이다. 지금도 한 번씩 꺼내 읽어보곤 한다. 소박한 삶을 설파하는 책들이 근검절약에 초점을 맞춘 반면, 이 책은 수도자와 같은 자기 수양 없이도 자신이 바라는 삶을 사는 방법에 대해 현실적인 조언을 한다.

《제3의 물결》The Third Wave, 앨빈 토플러Alvin Toffler 지음, 김진욱 옮김, 범우사

디지털 경제가 사회에 남긴 문제점과 기회를 통찰력 넘치는 시각으로 바라본다.《미래의 충격》Future Shock의 저자이자 미래학자가 보여주는 탁월한 선경지명이 돋보인다.

1. 임시고용 노동자의 규모, 성격, 소득과 혜택Contingent Workforce:Size, Characteristics, Earnings, and Benefits. 2015년 4월 20일 발표. 15-16쪽. 공개:2015년 5월 20일. gao.gov/products/GAO-15-168R

2. 미국 중소기업 개요United States Small Business Profile, 2016년. 미국 중소기업청 산하 중소기업정책 지원실SBA Office of Advocacy. sba./gov/sites/default/files/advocacy/United_States.pdf

3. 글로벌 기업가정신 모니터Global Entrepreneurship Monitor 연구자료. gemconsortium.org/report

4. MBO 파트너스,《Inc.》, 2017년 미국의 독립형 근로자 현황 보고서. mbopartners.com/state-of-independence

5. 노동 통계청Bureau of Labor Statistics, 〈현재 인구를 바탕으로 한 노동 통계 표본 조사〉 bls.gov/cps/cpsat08.htm

6. 이선 몰릭Ethan R.Mollick, 〈대중의 힘: 킥스타터 펀딩의 다양한 효과〉 2016년 7월 11일. ssrn.com/abstract=2808000

7. 벤 라이언Ben Ryan, 〈미국의 마이크로 비즈니스 오너는 부업에 의존한다〉 Gallup.com. 2014년 4월 3일. gallup.com/poll/168215/microbusiness-owners-depend-second-job.aspx

8. 케이시 위드릭Kasey Wiedrich, 〈안전망의 필요성: 마이크로 비즈니스 오너의 재정적 취약성〉 2014년 4월. prosperitynow.org/resources/search-solid-ground-understanding-financial-vulnerabilities-microbusiness-owners-full

The Million-Dollar, One-Person Business